Edition Erdenklang

Sinnferien - Feriensinn

Reisen mit Herz

Filicudi

Edition Erdenklang

Cover- und Buchgestaltung
Claudia Sophia Huetter, terracielo Grafikdesign, CH-8712 Stäfa

Druck
Buchproduktion Ebertin, D-88690 Uhldingen/Bodensee

ISBN 978-3-9523407-0-7

1. Auflage Mai 2008

Erdenklang – Reisen mit Herz

Die eigenen inneren Werte leben und Verantwortungsbewusstsein für die Menschheit als Ganzes entwickeln:

Hinschauen – entdecken – respektieren – und mit Liebe wählen.

Ithaka

Wenn du deine Reise nach Ithaka antrittst,
So hoffe, dass der Weg lang sei,
Reich an Entdeckungen und Erlebnissen.
Die Lästrygonen und die Zyklopen,
Den zornigen Poseidon, fürchte sie nicht;
Solche findest Du nie auf Deinem Weg,
Wenn deine Gdanken erhaben bleiben,
Wenn erlesene Gefühle deinen Geist
Und deinen Körper beherrschen.
Den Lästrygonen und den Zyklopen,
Dem wilden Poseidon, ihnen wirst du nicht begegnen,
Wenn du sie nicht in deiner Seele trägst,
Wenn deine Seele sie nicht vor dich stellt.

Hoffe, dass der Weg lang sei,
Voll Sommermorgen, wenn du,
Mit welchem Vergnügen, mit welcher Freude,
In bisher unbekannte Häfen einfährst.
Unterbrich Deine Fahrt in phönizischen Handelsplätzen,
Und erwirb schöne Waren,
Perlmutt, Korallen, Bernstein und Ebenholz,
Allerlei berauschende Essenzen.
Besuche viele ägyptische Städte,
Und lerne mehr und mehr von den Gelehrten.

Bewahre stets Ithaka in deinen Gedanken.
Dort anzukommen ist dein Ziel.
Aber beeile dich auf der Reise nicht.
Besser, dass sie lange Jahre dauert,
Dass du als alter Mann erst vor der Insel ankerst,
Reich an allem, was du auf diesem Weg erworben hast,
Ohne die Erwartung, dass Ithaka dir Reichtum schenkt.

Ithaka hat dir eine schöne Reise beschert.
Ohne Ithaka wärest du nicht aufgebrochen.
Jetzt hat es dir nichts mehr zu geben.

Und auch wenn du es arm findest, hat Ithaka
Dich nicht enttäuscht. Weise geworden, mit solcher Erfahrung
Begreifst du ja bereits, was Ithakas bedeuten.

Konstantinos Kavafis

Einleitung

Angelika U. Reutter

Jedes Buch hat eine Geschichte, und so auch dieses.

21 Menschen hatten sich für etwas Gemeinsames entschieden: »Sinnferien: Wir brauchen Inseltage, um unser inneres Land wieder zu finden.« Die Wahl fiel auf Filicudi, die drittkleinste Schwester der sieben liparischen Inseln im Mittelmeer.

Das Seminarthema lautet: Sinnvolle Beziehungen; Zeit für sich selbst; Zeit zum Nachdenken; Zeit für neue Einsichten; Zeit, zu fühlen und zu geniessen; Zeit zu meditieren; Zeit, die eigene Spiritualität zu vertiefen; Zeit für T'ai Chi; Zeit, die eigenen Ressourcen wieder »aufzuladen«; Zeit für gemeinschaftliches Erleben; Zeit der Stille und Zeit, um mit allen Sinnen in die pure Schönheit der Natur, in die Unendlichkeit des Meeres und in die Zauberkraft eines leuchtenden Sternenhimmels einzutauchen.

In der ersten Seminarwoche entwickelte sich ein gemeinsames, tragendes Energiefeld, aus der Präsenz jedes Einzelnen gewoben. Es freute mich, dass unsere Gastgeberin Adelaide Rando an der morgendlichen Meditation teilnahm, ihre Schwester gelegentlich dazukam und die Nonna interessiert, aber versteckt hinter der Tür, unsere Gruppe beobachtete. Oder der Nachbar, der uns beim morgendlichen T'ai Chi »bellissimo« zurief, um sich später mit Maria über sich selbst und T'ai Chi zu unterhalten.

In diesen Tagen fühlte ich mich immer tiefer mit dem Pulsschlag der Insel, mit den Menschen und dem wohltuenden Rhythmus der Langsamkeit verbunden. Es war für mich bereichernd miterleben zu dürfen, wie Selbstfindung über sich selbst hinauswächst und wie aus dem Selbstgefühl von innen ein Weltenbewusstsein nach aussen erwächst. Es entsteht ein kleines Feuer, das sich in der Seele entfacht. Je achtsamer wir hinschauen, desto mehr entbrennt der Bewusstseinsfunke für die »Eine Welt« und für die Menschheit als Ganzes. Und das Empfinden dafür, wie sehr Paradiese wie diese stille, ursprüngliche Fenchel-, Salbei- und Lavendelinsel bedroht sind.

Durch die sich ausbreitende Konsum- und Wegwerfkultur und durch den zunehmenden Tagestourismus wachsen auf Filicudi die Abfallberge – ein kostspieliges Problem für eine kleine Insel, die vom Festland abhängig ist. Für die »Perle mediterraner Kultur« stellt sich – ökologisch, materiell und menschlich – die Überlebensfrage.

Ich erinnere mich, wie mich das Thema »Umwelt« schon als Kind tief beunruhigte. Ich fragte mich, wo tragen Menschen eigentlich ihre Sorgen – auf den Schultern, im Rucksack oder in ihren Manteltaschen? Meine Sorge erfasste immer sonntagnachmittags mein stark klopfendes Herz, und ich trug schwer an ihr. Nämlich dann, wenn wir mit unserem blankpolierten dunkelroten Auto eine Spazierfahrt zu einem naheliegenden Aussichtspunkt in der Lüneburger Heide – nicht unweit von Bremen – machten, mein Vater den Fotoapparat zückte und die Heidelandschaft fotografierte. Ohne einen Laut des Entzückens meinte er: »So, jetzt haben wir es gesehen, weiter!« Mein Unglück steigerte sich, als ich bemerkte, dass die anderen Erwachsenen es meinem Vater gleich taten. Sie knipsten mehrmals mit eher gelangweiltem Gesichtsausdruck, stiegen in ihr Auto und brausten davon. Jedes Mal stieg in mir siedend heiss die Sorge auf: Sie werden alles wegfotografieren. Die feinen Wesen, die durch die Luft schwirren, die Pflanzen, die Steine und der Sand – alles wird bald nicht mehr da sein und die sanften Hügel und das Meer aus lila glänzender Heide werden für immer in der Nordsee versinken. Dieses traurige Gefühl habe ich bis heute nicht vergessen.

Es streifte mich wieder, als Silvia, Meret und ich mit dem Tragflügelboot auf Filicudi zusteuerten und ich die weiche, schön geformte weibliche Silhouette der drittkleinsten liparischen Insel – ruhig und vertrauensvoll aus dem unendlichen Meer ragend – entdeckte. Und zugleich tauchte in mir ein anderes, freudiges Gefühl auf: »Ich pflanze einen Baum, auch wenn die Welt morgen untergeht.«

Wie die farnreiche »Isola delle felci« – Einheimische nennen sie auch den schlafenden Delfin – die Herzen und Seelen der Teilnehmerinnen und Teilnehmer inspirierte, lesen Sie nun in diesem kleinen experimentellen Buch. Gestaltet von 21 Autorinnen und Autoren, fügen sich darin völlig absichtslos und bunt zusammengewürfelt Inspirationen, Geschichten, Poesien und Bilder von ganz unterschiedlichen Menschen zusammen. Die Geschichten und Poesien sind so verschieden wie Menschen nur sein können, humorvoll, berührend und alle aus dem Herzen heraus geschrieben.

Das Buch erzählt vom Reisen und der Zeit; vom Feriensinn, vom Zufallglück, vom Wohlfühlglück und vom Glück der Fülle. Es erzählt vom genius loci, von der Kraft der Insel Filicudi, die von der UNESCO im November 2000 zu einem Teil des Weltkulturerbes ernannt wurde. Familiäre Inselgeschichten, köstliche sizilianische Rezepte – zum selbst ausprobieren – von unserer Gastgeberin in der Villa la Rosa aufgeschrieben, vermitteln Stimmungsbilder, wie die sizilianische Volksseele »atmet«.

Im Mai 2007 reisten wir ein zweites Mal auf die Feuerinsel, mit der Frage und dem Wunsch, die schon zwei Jahre zuvor aufgetaucht waren: was könnten wir konkret für die Insel und ihre Bewohner tun? Die Gespräche mit Inselbewohnern und die Erfahrungen der Seminarteilnehmerinnen und Seminarteilnehmer bei den Projektarbeiten geben davon einen Eindruck.

Zum ersten Mal kam ich auf Filicudi mit meiner Kindheitserinnerung – mit dem Thema »Sorge« an; beim zweiten Mal, als wir uns von der Insel verabschiedeten, nahm ich eine Vision mit: Wie wäre es, wenn jeder Einzelne von den Millionen Menschen, die leidenschaftlich reisen, ein bisschen Zeit und Glück freimütig verschenken würde, gerade dort, wo ihn die Reise hinführt, und gerade den Menschen, denen man zufällig begegnet?

Wie wäre es, wenn Reisende etwas von sich selbst geben würden und der eigenen Fantasie, Kreativität und Lebenskunst in einer kleinen oder grösseren Tat Ausdruck verleihen würden? Und was würde geschehen, wenn Reisende Botschafter eines kapellenlosen Glaubens wären, und darauf vertrauten, dass jede einzelne Herzensinitiative ein Beitrag zum Frieden in der Welt sein kann?

Das Buch möchte in diesem Sinne Anregung sein. Als frohgemuter Reisebegleiter und als Ihr ganz persönliches Tagebuch, dem Sie Ihre Ferienerlebnisse anvertrauen, findet es vielleicht in Ihrem Koffer, im Rucksack oder in einer Seitentasche seinen Platz.

»Zeit ist wie Ewigkeit
und Ewigkeit wie Zeit,
So du nur selber nicht machst
einen Unterscheid.«

Angelus Silesius

Zeit ist die Schule, in die wir gehen...

Angelika U. Reutter

Ich liebe sie – die »zeitlose Zeit«; wie die grosse Pause in der Schule. Auf dem Pausenplatz fühlte ich mich immer frei, bis der schrille Glockenton mich wieder zur Ordnung rief, das heisst, in die nächste Schulstunde. Dem Geheimnis der alltäglichen Zeit dagegen, und vor allen Dingen dem Umgang mit ihr, bin ich immer noch auf der Spur. Gelegentlich schleicht sich, wenn ich mich in dem wohligen Pausenplatzgefühl befinde, ein Misston ein: Ich habe zuwenig Zeit... Dann lege ich mich geistig in die »Kosmische Hängematte«, atme tief durch und verlangsame jede Bewegung... Eine Lebensübung, die hilft, negativ polarisierte Energien von Druck und Stress in ein wohliges Gefühl der Ruhe und Geborgenheit umzuwandeln. Der Begriff »Kosmische Hängematte« ist mir zum ersten Mal auf den Malediven in den Sinn gekommen, als ich mich in eine Hängematte, an zwei dicken Palmen befestigt, hineinsinken liess, tief aufatmend und die mich umgebende Stille einatmend. Seitdem begleitet mich dieses innere Bild und löst in mir ein Gefühl der Geborgenheit, der Ruhe und des Vertrauens aus: Ich bin in Liebe getragen und gehalten. Wir nennen solche begnadeten Augenblicke des Lebens, die Ewigkeit sind, Kairos. Es sind erfüllte Augenblicke, in denen wir mit Rose Ausländer sagen können: »Mein Atem ist jetzt«. Niemand kann auf Vorrat atmen, leben und »Zeit horten«.

»Zeit ist Gottes Art, Kredit zu geben«, meint Ralph Boller. Kürzlich stand ich mit meinem Enkel in der Küche. Er zeigte mir, wie er Spaghetti mit einer Hand in das kochende Salzwasser »hineinschmelzen« lässt. Ich rührte in der frischen Tomatensauce: »Komisch, Grosi, ich weiss nicht, wo ich jetzt bin, in Zürich oder in Flims, es ist immer dieselbe Zeit, wenn wir zusammen sind.« Ich spürte in uns und um uns herum das Wesen der Zeit als eine lichte, leichte Atmosphäre, eine Energie, die uns einhüllte – es könnte ewig so sein und ewig so bleiben. Wir schwiegen. Und ich erkannte, dass wir die Zeit nicht im Griff haben können. Sie ist ein Geschenk, ähnlich wie eine Menschenbegegnung, über die es nichts zu sagen gibt, weil sie alles erfüllt.

Zum Glück kam mir auf Julians Frage, was denn Ewigkeit eigentlich sei, das Märchen vom weisen Hirtenbüblein zu Hilfe, das drei Fragen beantworten musste, um im königlichen Schloss wohnen zu dürfen. Die letzte und wohl wesentlichste lautet: »Wie viele Sekunden hat die Ewigkeit?« – Da sagte das Hirtenbüblein: »In Hinterpommern liegt der Demantberg, der hat eine Stunde in die Höhe, eine Stunde in die Breite und eine Stunde in die Tiefe; dahin kommt alle hundert Jahre ein Vöglein und wetzt sein Schnäbelchen daran, und wenn der ganze Berg abgewetzt ist, dann ist die erste Sekunde der Ewigkeit vorbei...« – »Aha«, nickte Julian, »jetzt weiss ich, was Ewigkeit ist.« – Er lenkte meinen Blick auf die tiefen Wolkenbilder, die sich wie zarte, kuschlige Wattepolster an die Berge in unserem Ferienort schmiegten und sich dem Tal zuneigten: »Weisst du, Grosi, was das jetzt ist?« – »Hm...« – »In den Wolken sind die Seelen, die auf die Erde kommen wollen. Sie kommen ganz nahe und gucken, wo sie landen sollen...« – »Aha«, antwortete ich, »jetzt weiss ich auch, wie Ewigkeit aussieht.«

Wo landen wir in unserem Alltag? In der chronologischen Zeit, sehr bald mit dem Kalender in der Hand und der Uhr am Handgelenk. Oft kommen wir zu spät, laufen der Zeit hinterher und empfinden sie als »wesenlos und allmächtig«, so wie es Thomas Mann im »Zauberberg« formuliert: »Alles sofort erledigen, was nie fertig wird...«

Wir befinden uns oft im Beschleunigungsstau der chronologischen Zeit, nach dem Gott Chronos benannt, der in der Mythologie seine Kinder auffrisst. Und tatsächlich – Zeitdruck, Zeitnot, die über den Rand gefüllte Zeit brauchen sehr viel Lebensenergie;

genauso wie die unendlichen Zeiten der Langeweile, der Trostlosigkeit und der Hoffnungslosigkeit. Dann wird die bis anhin unfassbare Zeit zu einem wichtigen Thema. Die Fragen nach meiner Zeit, meiner endlichen Zeit, meiner Lebenszeit, meinen eigenen Erfahrungen mit der Zeit. Viel und genug Zeit haben, Zeit für Musse, Zeit zu lieben, Zeit zu trauern, Zeit über das Glück und den Lebenssinn nachzusinnen. Und langsam meldet sich die Sehnsucht nach einer erfüllten statt einer gefüllten Zeit immer deutlicher; nach einer Zeit, die mir gehört und die mir niemand wegnehmen kann, endlich eine Auszeit...

In den Versen im »Rosenkavalier« von Hugo von Hoffmannsthal heisst es:

»Die Zeit, die ist ein sonderbar Ding.
Wenn man so dahinlebt, ist sie rein gar nichts.
Aber dann auf einmal,
da spürt man nichts als sie.
Sie ist um uns herum,
sie ist auch in uns drinnen.«

Zeit ist also in mir und um mich herum. Was heisst das konkret? Manchmal ist es hilfreich, sich an eine Situation zu erinnern, in der es nicht so war, in der man sich lieber versteckt hätte oder am liebsten in das bekannte Mauseloch gekrochen wäre. In diesem Zusammenhang erinnere ich mich an meine Schulzeit und an meinen Lateinlehrer, den ich nie mochte. Seine dramatische Stimme und die überlauten, gerollten »rrrrrr« erschreckten mich. Besonders, wenn er meinen Namen rief, wurde ich stumm. In meiner Imagination setze ich mich mitten auf die Schulbank, neben meine beste Freundin Almut, von der ich immer abschreiben durfte – sie war schliesslich die Klassenbeste – und nehme voll und ganz meinen Platz ein. »Tue, was du tust und tue es ganz« – welch eine Wohltat. Ich breite mich richtig aus und geniesse diese Situation in vollen Zügen. Ich gebe dem kleinen Schulmädchen von damals meine volle Anerkennung und Wertschätzung. Ein schönes, kraftvolles Bild, das mich meine Präsenz im Hier und Jetzt in jeder Zelle des Körpers empfinden lässt. In der Präsenz werden wir frei vom Zeitdruck und können den Kampf, Zeit zu gewinnen, freundlich verabschieden.

Der Begriff »Ferien« stammt vom lateinischen »feriae« und bezeichnet die Tage im antiken Rom, an denen zu Ehren bestimmter Götter die Arbeit, die Rechtspflege, ruhte. Es wurden kultische Handlungen von Beamten und Priestern vorgenommen.

Als Gott die Welt erschuf, arbeitete er sechs Tage. Am darauffolgenden siebten Tage ruhte er. Der Grund dafür war nicht die Erschöpfung, sondern die Schöpfung. Die Ruhe des siebten Tages ist der Abschluss, die Vollendung eines grossen Beginns. Oder wie Hermann Hesse sagt. »Wohlan denn Herz, nimm Abschied und gesunde...«

Bereits vor zweitausend Jahren schrieb Seneca an seinen Freund: »Lieber Lucilius, mach es so: Rette dich dir selbst; sammle und erhalte dir die Zeit, lass sie dir nicht weiter rauben und entwenden, lass sie nicht davonlaufen. Frag dich ehrlich und sag selbst, ob es nicht so ist: Hier wird uns eine Stunde weggerissen, dort eine heimlich unterschlagen, dann verschwindet wieder eine, ohne dass wir es wirklich bemerken.«

Wie sehr wird mir in diesen Worten, die Kostbarkeit der Zeit bewusst. Die äussere Zeit können wir nicht verändern, jedoch die Einstellung zu unserer inneren Zeit. Wie wäre es, wenn wir statt mit dem Zeitmangel zu wetteifern uns mit dem Zeitwohlstand beschäftigen würden? Zeit in Hülle und Fülle. Zeit als ein Geschenk, das wir mit Achtsamkeit, Liebe und Sorgfalt auspacken und niemals (!) nachlässig auf dem Dachboden verstauben lassen. Zeit für glückliche Zufälle, für glückliche Gefühle und für das Glück der Fülle. »Man braucht eben Zeit, um jung zu werden«, meint Picasso. Und Jean Paul erinnert: »Kinder und Uhren dürfen nicht ständig aufgezogen werden...« Schon gar nicht in den Ferien – in den Freiheitsräumen des Lebens, würde ich gerne hinzufügen.

Dante spricht von der Dauer im Wandel, von der Zeit, die Rhythmus ist, sich ständig wandelnd im Kontinuum des Lebens. Rhythmen sind Melodien, die uns durch die Zeiten begleiten. Finden wir unseren eigenen Rhythmus wieder, finden wir unser Herz. Und die Gedanken kommen zum Stillstand.

Von der »Einen Zeit« spricht Jeremias Gotthelf in seinem Kalender von 1842 auf eine ganz besondere Art und Weise: »Der Mensch redet vom Leben diesseits, vom Leben jenseits, vom irdischen und vom ewigen Leben, von Zeit und Ewigkeit, als ob Zeit und Ewigkeit geschieden wären voneinander ganz und gar, als ob sie verschieden wären in ihrem Wesen durch und durch. Und was ist die Zeit anderes als die ewige Sonne Gottes, die ihre Strahlen sendet über alle Welten?«

So empfunden, ist Zeit wertvollstes Gut, ein überaus kostbarer »Rohstoff«, der uns anvertraut ist wie pures Gold. Es kommt mir oft so vor, als hätte der Zeitgeist das Gold, die »goldene Zeit« bald aufgekauft. Die Restposten an Zeit werden möglicherweise im Ausverkauf »verschleudert« mit der bekannten Aussage von Benjamin Franklin aus dem Jahre 1748: »Merke Dir gut, Zeit ist Geld.«

Doch zum Glück ist die Zeit »in uns und um uns herum«, sodass wir die Zeit nicht suchen müssen, sondern sie findet uns – in unserer Seele und an zauberhaften Orten, an denen es kein Kommen und Gehen gibt, kein Vorher und Nachher; an denen der Sternenhimmel strahlt und leuchtet, als sei es das erste und das letzte Mal, an denen die Wolkenbilder in der Abenddämmerung alle Gedanken durch geheimnisvolle, sanfte Bewegungen davontragen. Dann kann die Zeit Berge versetzen, und wir spüren wie die Schnelligkeit die Langsamkeit aufnimmt wie einen geliebten Menschen, auf den wir zeitlebens gewartet haben. Und dann kann es uns bewusst werden, dass Krieg schnell ist und Frieden langsam, weil sich Frieden entwickelt, zuerst als innerer Frieden im Menschen.

»Es wird sich offenbaren, denn es ist an der Zeit...«, sagt der alte Weise in »Das Märchen« von Goethe. Der alte Weise geht mit der

Lampe den Irrlichtern voraus und führt sie zu den verborgenen Königsschätzen in den Höhlen der Erde. Dann beginnt eine neue Zeit.

Als wir in Filicudi die alte Steintreppe aus Natursteinen mit den 300 Stufen hinaufklettern, die direkt vom Hafen zur Villa la Rosa führt, spüre ich unter meinen Füssen, dass hier die Zeiten und Systeme noch andere Zeiten haben. Die Rolltreppen in den Flughäfen sind vergessen.

»Wir brauchen Inseltage,
um unser inneres Land
wieder zu finden...«

Sinnferien – Feriensinn

Angelika U. Reutter

Bei unserer Ankunft weht der warme Saharawind, es ist ein Levantetag. Eine Woche auf Filicudi liegt vor uns, auf einer der äolischen Inseln, der Homer den »Zehnten Gesang« der fast dreitausend Jahre alten »Odyssee« gewidmet hat. Wir wollen etwas über die Geschichte dieser Insel erfahren, über die grandiose Vergangenheit dieses Ortes, die zum Beispiel in der bronzezeitlichen Siedlung Capo Graziano spürbar wird.

Mit wachen Sinnen wollen wir »Natur pur« erleben und den Menschen mit Herz und Seele begegnen. Das entspricht dem Thema, das wir für diese Woche gewählt haben: sinnvolle Beziehungen.

Stefano Rando, der Bruder unserer Gastgeberin Adelaide Rando, winkt uns zu und strahlt. Er fährt mit dem Auto und unseren Koffern auf der sieben Kilometer langen, einzigen Asphaltstrasse der Insel, zur Villa la Rosa. Wir gehen zu Fuss.

Diese Strasse soll, wie ich später erfahre, Filicudi helfen, den Schritt ins 21. Jahrhundert mitzugehen. 1976 wehrten sich die Insulaner und ließen die Zementberge und Baumaschinen einfach stehen. Heute ist die Strasse voll geteert und gut befahrbar, auch für die Ragazzi, die sich auf ihren Mopeds laut singend in die Kurve legen. Wir wählen die 300 Steintreppen direkt vom Hafen aus.

Heute, an diesem Levantetag, tönt der Gesang der Inselbewohner vom starken Wüstenwind getragen weit durch die Abenddämmerung. Es ist Pfingsten. Vor einigen Tagen ist der Pfarrer mit seinem Team, dem Spiritual und vier Nonnen, auf Filicudi angekommen. Sie ziehen von Insel zu Insel, unterrichten ihre Bewohner und feiern mit ihnen. Fast alle der 250 Einwohner sind tief im katholischen Glauben verwurzelt.

Wenig später gehe ich die Strasse entlang, der Gesang weist mir die Richtung. In einem Halbkreis auf Natursteinen beten und singen Männer, Frauen und Kinder unter freiem Himmel. Die erhöhte Ebene mit Kakteen, Agaven und wildem Fenchel gibt den Blick frei auf das tiefblaue, ruhige Meer und den herausragenden Fels von Alicudi, die liebreizende kleinste der Inselschwestern.

Auf dem Altar – einem fast rechteckigen Stein, der auf der Felsklippe steht – erhebt sich eine menschengroße Mariengestalt, mit weißen und roten Rosen geschmückt. Aufblitzende grüne Lämpchen bilden einen leuchtenden Strahlenkranz um ihr Haupt. Der Pfarrer im schwarzen Talar spricht den Segen. Der Klang des Halleluja scheint für Momente die ganze Vulkaninsel zu erfüllen und verbreitet einen andächtigen Zauber in der klaren Abenddämmerung, die eine sternklare Nacht ankündigt.

Auf dem Weg zu unserem ersten Abendessen gehen wir am Speisesaal vorbei; in zwei Tagen wird er für uns ausgeräumt. Wir werden ihn in einen Seminarraum verwandeln – mit den kleinen Teppichen aus den Appartements, mit Kissen und Decken, einigen Meditationskissen und mit Blumen aus dem Garten der Insel.

Die Tische stehen kreuz und quer im Raum. Der Pfarrer und sein Begleiter, jetzt in Pulli und schwarzen Hosen, unterhalten sich lebhaft, die Nonnen ebenso. Ihre Hände graben unablässig und rhythmisch in den zwei Schalen, die vor ihnen stehen, bis zum Rand mit Erdnüssen gefüllt. An der einen Ecke des Tisches wird der Berg mit den Erdnussschalen immer höher. Nur scheint es niemand zu bemerken, denn lachend, plaudernd und zugleich hochkonzentriert blicken die Anwesenden auf die grosse Leinwand: ein religiöser Film entrückt sie in andere Welten.

Die Frage nach dem Sinn? Für den Sinn gibt es keine äussere Instanz, genausowenig wie für die Zeit, für die Liebe, das Glück oder die Vernunft. Auf die Frage nach dem Sinn gibt es sicher so viele Antworten wie Menschen. Ich habe immer wieder beobachtet, dass Sinn nichts mit Zeit, mit Liebe, Glück oder Vernunft zu tun haben muss. Es gibt unglückliche Menschen, die ihr Leben als sinnvoll empfinden und es gibt liebende, vernünftige Menschen, die alles als sinnlos betrachten. Ist Sinn reiner Zufall, ein Wohlfühlglück oder ein Glück der Fülle?

Ich glaube, dass Sinn immer individuell ist. Er lässt sich nicht bewerten und nicht beschreiben. Der Sinn ist nicht einfach, sondern er entfaltet sich in uns und um uns herum – so wie die Zeit. Erst durch das Erkennen und Verstehen grösserer Zusammenhänge, zum Beispiel in der eigenen Biografie oder auf der metaphysischen Ebene, offenbart sich »ein Sinn« als Lebensgrundgefühl.

Im Rahmen meiner Seminare, die ich seit 1995 durchführe, brachten die Teilnehmer immer wieder die Begriffe »Zeit«, »Sinn« und »Glück« ins Gespräch. Daraus entwickelte ich das Seminar »Sinnferien«, um gemeinsam diesen Begriffen nachzugehen. Und dies an schönen Orten, an denen wir mehr Distanz zu unserem Alltag finden. Abgeschiedenheit und Stille bringen uns zu uns selbst und die Erlebnisse in der Natur, bei einem Sonnenaufgang oder in einer sternklaren Nacht, bereichern die Seele.

In den Sinnferien öffnen wir unsere Sinne, in der Stille der Meditation üben wir, uns unserem Selbst zuzuwenden und ganz in der Präsenz, im Jetzt zu sein. Wir arbeiten an uns selbst, indem wir Glaubensmuster liebevoll erkennen, benennen und wenn sie nicht mehr angebracht sind, sie gehen lassen. Durch das gemeinschaftliche Erleben entsteht ein vertrauensvolles Energiefeld, in dem jeder Einzelne tiefe Wachstumsprozesse erlebt. Daraus erwachsen neue, bewusste Erkenntnisse und Impulse für die eigene »Lebenskunst«.

arrivare

»Inseltage können eine Oase sein und uns neue
und bereichernde Lebensimpulse schenken.
Ein solcher Ort könnte »Isola Filicudi« sein.
Hier haben die Tage ihren eigenen Rhythmus;
sind wohlgeformt, wie die Umrisse der Insel,
vom Wind beflügelt, vom Meer umspült
und vom Feuer inspiriert.«

Wie wir eine Perle im Mittelmeer gefunden haben

Maria J. Gleede

»Du kennst Filicudi nicht, Stromboli, Vulcano?«

Mit einiger Mühe holte ich aus meinem Schulwissen die ungefähre Lage der äolischen Inseln hervor, während mir Ilaria, meine Patientin, ihren Aufenthalt in den schönsten Farben schilderte. »Nur die 300 Stufen hinunter zum Meer, das war für meine Knie zuviel... « Und während ich an den schmerzhaften Sehnenansätzen arbeitete, versuchte ich, mir diese 300 Stufen zum Meer vorzustellen: das musste atemberaubend schön sein – wer weiss, vielleicht, eines Tages...

Der Name Filicudi mit den 300 Stufen zum Meer sank unbemerkt in mein Langzeitgedächtnis. Und eines schönen Tages sah ich mich vor die Aufgabe gestellt, einen geeigneten Inselort für Angelikas Seminare zu finden – meine Freundin, mit der ich seit Jahren zusammenarbeite und die Märchenseminare in der Toscana gestalte. Da tauchte er wieder aus dem Meer der Erinnerungen auf – der Name Filicudi, meine Bilder von den 300 Stufen zum Meer, alles war da, ganz frisch, so als sei es gestern gewesen, dass Ilaria mir davon erzählt hatte.

Sizilien – meine Tochter Anna ist in Sizilien verliebt, seit sie zum ersten Mal den Namen gehört hat – ja, das fühlt sich gut an.

Ich machte mich vertrauensvoll an die Internetsuche mit dem Satzfragment von Angelika im Hinterkopf: immer da, wo es leicht geht. Denn: objektiv gesehen war es gar nicht so leicht, aus der Ferne d e n Ort zu finden, der bereit war, uns aufzunehmen und wo wir uns wohl fühlen konnten. Welches Hotel im mediterranen

Raum hat schon einen Seminarraum, geschweige denn Meditationskissen? Und am besten wär's, wenn ausser unserer Gruppe niemand sonst... Genügend Einzelzimmer bitte auch, das ist Vorgabe. Da, wo es leicht geht! Allen »Angelika-Seminar«-Erfahrenen wird es ein Leichtes sein, nachzuvollziehen: Es war eines die Internetseite mit den Hängematten sehen, den Namen »Villa La Rosa« lesen und dort anrufen.

Ich sprach mit Adelaide Rando, der Tochter und zugleich Köchin des Hauses. »So ein Seminar wollte ich immer schon mal mitmachen, wann kommt ihr?« war die spontane Antwort auf meine vorsichtige Anfrage. Seminarraum? »Wir räumen für euch den Winterspeisesaal.« Einzelzimmer? »Kein Problem, wir können im Bedarfsfall auf Zimmer in der Nachbarschaft zurückgreifen.« Immer da, wo es leicht geht. Ich buchte Villa La Rosa für eine Woche im Mai 2005.

Filicudi - die Feuerinsel

Silvia Villars

Inseltage können eine Oase inmitten einer hektischen Welt sein und uns neue und bereichernde Lebensimpulse schenken. Ein solcher Ort könnte »Isola Filicudi« sein. Denn die Tage im »blühenden Paradies«, wie Filicudi genannt wird, haben ihren eigenen Rhythmus; sie sind wohlgeformt, wie die Umrisse der Insel selber, erlebnisreich, vom Wind beflügelt, vom Meer umspült und vom Feuer inspiriert.

Die sieben Perlen im Thyrrenischen Meer wurden vor 360 000 bis 160 000 Jahren aus dem Feuer geboren. Die sieben Inselschwestern des äolischen Archipels tragen den vom Windgott Äolos übernommenen Namen oder werden auch Liparische Inseln, nach der Hauptinsel Lipari, genannt. Für mich sind die Inseln wie vom Feuer geschaffene Sterne des Universums, die nun im Meere baden und deren Naturschönheit mich heute bezaubert: Lipari, daneben Vulcano, ein wenig weiter westlich Salina, dann folgen Filicudi und Alicudi; nordöstlich von Lipari erheben sich Panarea und schliesslich Stromboli. Jede der Inseln hat einen unverwechselbaren Charakter. Der Schweizer Naturforscher Wilhelm Meyer meinte Anfang des zwanzigsten Jahrhunderts: »Diese Inselchen gehören in vielfältiger Hinsicht zu dem Interessantesten, was ich auf meinen Streifzügen durch diese irdische kleine Welt kennengelernt habe« – und das, nachdem er bei den Niagarafällen und im Yellowstone Park gewesen war.

Zwischen Neapel und dem nordsizilianischen Milazzo sind die Inseln in einem grossen Bogen eingebettet. Geologisch gehört Sizilien zu Eurasien und Afrika. Hier verläuft die Kontaktzone der

Eurasischen und der Afrikanischen Platte, wo es immer wieder Erdbewegungen und Vulkaneruptionen gibt. Der derzeit 3323 m hohe Ätna wird im sizilianischen Dialekt Mongibelle (Monte-Djebel) genannt. Arabisch-italienisch bedeutet dies »Berg-Berg«, ein Wort in dem sich die Erinnerungen an die arabische Epoche Siziliens und an die Nähe zu Nordafrika spiegeln.

Seit 2000 Jahren regelmässig aktiv, ist Stromboli der aktivste Vulkan, im Gegensatz zum Krater auf Vulcano, der bisher nur alle 100 Jahre explodierte. Der Fossa delle Felci auf Filicudi und die anderen Vulkanberge der Inselgruppe sind erloschen.

Erreichten die ersten Einwanderer und Einwanderinnen vor 4000 Jahren »Finicusa«, wie die mit Riesenfarnwäldern bedeckte Insel damals genannt wurde, auf Flössen, mit denen sie die 50 km Wasser zwischen Sizilien und dem Archipel überquerten? Heute erreichen Reisende die Insel mit einem modernen Floss, dem Tragflügelboot, und betreten Filicudi und die anderen Inseln nicht mit dem Auto, sondern mit ihren eigenen Füssen. Wie zu Odysseus' Zeiten sind die äolischen Inseln auch heute nur mit dem Schiff zu erreichen. Daran hat sich seit Homer, der die Inseln im »Zehnten Gesang« seiner »Odyssee« beschreibt, nichts geändert.

Während der eineinhalbstündigen Fahrt mit dem Aliscafo von Milazzo nach Filicudi zeigen sich faszinierende Eindrücke: Das wogende, glitzernde Meer und die Inselformationen mit ihren Felsen und Höhlen; der vulkanische fruchtbare Boden mit den mühsam angelegten Terrassenkulturen, die heute nur teilweise bewirtschaftet sind. Ich spüre die intensive Ausstrahlung: die »Feuerkraft« der Inseln und ihre Transformationskraft, von der auch die Geschichte erzählt: mit den Generationen wechseln die Kulturen, die Götter und Göttinnen und sogar die Sprachen. Deshalb spricht man von Filicudi und den anderen Inseln des Archipels, sowie von Sizilien als Schmelztiegel von Orient und Okzident: Die Araber dominierten vom 8. bis 12. Jahrhundert Sizilien, errichteten Moscheen und führten aus Ägypten den Papyrus ein. Dank Kolumbus wurden Mais,

Kartoffeln und Tomaten Bestandteile der bäuerlichen Kultur, und die Spanier schenkten den Gitarrenklängen feurige Flamenco-Akkorde.

Seit dem Jahre 2000 gehören die »Isole Eolie« zum kulturellen und natürlichen Welterbe der UNESCO, eine Freude und Verpflichtung zugleich. Für die Inselbewohner und Inselbewohnerinnen brauchte es viel Umdenken und Initiative, um die natürliche Schönheit und die Schätze des Archipels zu erkennen und zu bewahren. In den 70er Jahren formierte sich ein »Comitato ecologico«, um die Ausbeutung der Natur aufzuhalten.

Die Liparoten gelten als umweltbewusster als ihre süditalienischen Nachbarn. Vielleicht deshalb, weil sie nie mit üppigen Vorräten an Wasser, Nahrungsmitteln oder reichen Bodenschätzen ausgestattet waren. Im Gegenteil – vor der Einigung Italiens um 1860 bis zur Mitte des 20. Jahrhunderts war das Leben auf dem Archipel von Armut und Auswanderung geprägt. Landwirtschaft, Fischfang und Bimsstein-Gewinnung reichten oft nicht aus, um alle Familien zu ernähren: 1900 begann die grosse Auswanderungswelle nach Australien, Amerika und Argentinien. Viele wanderten mit ihrem letzten Ersparten aus. Bis 1914 emigrierten 9916 Inselbewohner und Inselbewohnerinnen. In den Jahren des zweiten Weltkrieges wurden viele Städte der nicht so weit entfernten Küste Siziliens bombardiert und die Inseln verarmten immer mehr.

Im Aufschwung ab 1949 wurde der Archipel für Italienreisende wieder interessant. Der italienische Regisseur Roberto Rosselini drehte mit Ingrid Bergmann auf Stromboli den bekannten Film »Stromboli, Terra di Dio«. Die Aufnahmen der natürlichen, unberührten Schönheit der Inseln begeisterten viele Menschen.

Der Tourismus ist heute die wichtigste Einnahmequelle. Die Landwirtschaft dagegen wird immer mehr aufgegeben. Sie ist nicht so rentabel und die staatlichen Auflagen für die kleinflächig schaffenden Landwirte werden immer grösser. Bleibt die grosse Herausforderung, einen »sanften«, umweltverträglichen Tourismus anzubieten. Jede der sieben Inseln geht auf ihre Art damit um.

In der Jungsteinzeit, vielleicht auch in der Antike, war Filicudi mit Riesenfarnwäldern bewachsen. Grosse Feuchtigkeit und milde Klimaverhältnisse liessen Riesenfarne wachsen, daher der älteste Name »Fenicusa« – die farnreiche Isola delle felci. Heute ist davon nicht mehr viel übrig. Seit 1997 stehen 2/3 der Insel unter Naturschutz.Dennoch wird Filicudi besonders für die ursprüngliche Natur, die Ruhe und die Freundlichkeit der Filicudani geschätzt; mit 9.5 km2 ist sie die drittkleinste der Inseln; 250 Einheimische bewohnen die Insel und im August wächst ihre Zahl mit den Touristen auf 1200 an.

5000 - 3000 v.Chr. Die liparischen Inseln sind seit dem 5. Jh v.Chr. ständig bewohnt. Die reichen Obsidian-Vorkommen waren begehrte Handelsware. Das vulkanische Glas galt als wichtiges Werkzeug und messerscharfe Waffe. Ganz Mitteleuropa und Ägypten wurde von den äolischen Inseln beliefert. Diese erste kulturelle Blüte zeigt sich auch in den Keramikfunden, die heute im archäologischen Museum von Lipari zu sehen sind.

2000 v.Chr. Erste Inselbewohnerinnen und Bewohner liessen sich in Filicudi am Capo Graziano nieder. 120 m über dem Meer errichteten sie auf einem grosszügigen Plateau mit schöner Sicht auf die Nachbarinseln bronzezeitliche Rundhütten aus Stein. Die hier dokumentierte Zivilisation wird nach ihrem Fundort »Kultur von Capo Graziano« genannt. Die im Fischgrätmuster angeordneten Mauern, aus quadratisch aus dem Fels geschlagenen Steinen, weisen Verbindungen zur Kultur von Mykene auf. Damals pflegten die Menschen eine sogenannte »Göttinnenkultur«. Interessant ist, dass es sich nicht nur um sogenannte »Muttergottheiten« handelte, als grosse Gebärerinnen oder Fruchtbarkeitsidole sondern dass die »Grosse Göttin« eine allumfassende Kraft darstellte. Analog zur Erde, die einem fortwährenden Wandel und rhythmischen Wechsel unterworfen ist, bringt die »Grosse Göttin« schöpferische, zerstörerische und lebenserneuernde Kräfte zum Ausdruck. Nach 300 Jahren erlosch die Kultur am Villagio della Montagnola, weshalb ist bis heute unklar.

500 v.Chr. Über Jahrhunderte blieb die Insel vergessen. Erst etwa 500 v.Chr. besiedelten Griechen die Insel und verbanden sich mit den aus Angst vor den Piraten in Höhlen lebenden Inselbewohnern. Sie führten den Ackerbau ein, brachten den Ölbaum und ihre Ochsen mit – Landwirtschaft erblühte. Mit den Griechen beginnt die überlieferte Geschichte: Lipari verbündet sich mit Syrakus. Auf Lipari werden Theatermasken gefunden von Sokrates, Euripides und Homer, dem Dichtersänger, der die »Odyssee« erschuf: »Hier die Skylla, und drüben schlürfte die hehre Charybdis fürchterlich gurgelnd ein das salzige Wasser des Meeres.«

250 v.Chr. Die Römer eroberten die Liparischen Inseln, sie besuchten die Thermalquellen auf Vulcano und Lipari und hielten auf den Inseln Flottenstützpunkte. Julia, die einzige Tochter des Kaisers Augustus soll im Jahre 2 v. Chr. auf Filicudi in die Verbannung geschickt worden sein. 1960 wurde ein römisches Schiffswrack aus dem 2. Jh v.Chr. vor dem Capo Graziano von Hobbytauchern gefunden. Es war nicht das einzige Wrack, das in den Gewässern vor Filicudi entdeckt wurde.

500 n.Chr. Viele Überfälle und Plünderungen von Piraten ereigneten sich in dieser Zeit. Auch in Filicudi wurden die Häuser immer höher auf die Hänge gebaut und Wachposten aufgestellt. Aus Furcht wurden Frauenverstecke – »Punte delle femmine« – errichtet. Hungersnot und Pest suchten die Bewohnerinnen und Bewohner heim.

1100 - 1200 n.Chr. Die Normannen unter der Führung von Roger I. landeten auf Sizilien, Roger I. schickte Benediktinermönche nach Lipari mit dem Auftrag, dort ein Kloster in einem Teil der Akropolis zu erbauen.

1500 n.Chr. Das Piratenwesen fand seinen Höhepunkt. Chaireddin, Ariadeno Barbarossa, der gefürchteste Pirat seiner Epoche, bereicherte sich unermesslich auf seinen Beutezügen auf Korsika, Sizilien, Sardinien und in der Ägäis. Er plünderte Lipari und nahm fast die gesamte Bevölkerung gefangen. Kaiser Karl V.

und Papst Pius III. setzten sich für die Wiederbesiedelung der äolischen Inseln ein. Es wurden Bastionsmauern errichtet und neuen Siedlerinnen und Siedlern neue Lebensmöglichkeiten angeboten.

1700 n.Chr. Die Weiterentwicklung zeigte auch auf Filicudi Spuren. 1641 lebten auf der Insel bereits wieder 400 Menschen. In Valdichiesa, oder Valle Chiesa, wurde um 1650 auf 280 m Höhe mit schöner Aussicht in sicherer Distanz zur Küste eine Kirche errichtet.

1800 n.Chr. Um 1850 liess sich Liberatore Castellano, ein wohlhabender und initiativer Mann auf Filicudi in Valdichiesa nieder. Er baute sich ein feudales Anwesen, brachte zahlreiche Innovationen in die Landwirtschaft und ermöglichte vielen Menschen Arbeit zu finden. Die Insel wurde in dieser Zeit grossflächig bewässert. Die terrassierten Felder mit Weinanbau, Olivenbäumen, Kapern und Obst brachten den Filicudani gute Einnahmen, der Export florierte. Doch nur durch Fleiss, harte Arbeit und den Einsatz aller Familienmitglieder gibt es ein Einkommen – trotz der fruchtbaren Vulkanerde.

1900 - 1950 n.Chr. Anfang des 20. Jh lebten etwa 1500 Filicudani auf der Insel. Die beiden Weltkriege brachten Armut. Ganze Dörfer wie Zucco Grande wurden verlassen und aufgegeben. Viele suchten ihr Glück in Amerika, Argentinien oder Australien, wo die Sonne dem Wein die Süsse des Malvasia gibt. 1930 ereignete sich ein schweres Erdbeben der Stärke 8, das kein Haus verschonte. Die Terrassenkulturen verfielen und die Macchie überwucherte die Hänge.

1950 bis heute: Die Tourismuswelle erreichte Filicudi später als Lipari oder Stromboli, doch in den 60er Jahren wechselten immer mehr Filicudani ihre Berufe, vor allem im Sommer. Aus dem Fischer wird »der Pflicht gehorchend« ein Fremdenführer, der Bootstouren durchführt; oder ein Maurer entdeckt seine Kochkünste für die hungrigen Gäste.

Die Filicudani kämpfen gegen den Ausverkauf ihrer Heimat. Sie lehnen ab, wenn Festländer ihnen grosse Summen Geld anbieten.

Eigene Häuser zu finanzieren wird für junge Filicudani immer unerschwinglicher, wegen der Restriktionen für Neubauten und den enormen Auflagen bezüglich Erdbebensicherheit.

Luxus zeigt sich auf der Insel anders: statt riesiger Hotelbauten und attraktiver Animationsprogramme wird »Natur pur« ganz gross geschrieben: Wilde Strände mit herrlichen Lavasteinen, nistende Möwen, Delfine, die im Meer gleiten. Naturbelassene Saumpfade sind umgeben von duftender Macchie. Aber diese Schönheit ist in Gefahr weil Tagestouristen und die Augustmenschenströme ihre Spuren hinterlassen. Die Filicudani werden – geübt im wechselvollen Umgang mit ihrer Geschichte – die für sie adäquaten Wege und Formen finden, denn sie lieben ihre Insel.

Auf dem Gipfel des Fossa delle Felci (774 m) bietet sich ein wunderbarer Ausblick. Den erloschenen Vulkan erreicht man von Filicudi Porto mit gutem Schuhwerk in ungefähr vier Stunden. Capo Graziano mit der bronzezeitlichen Siedlung ist kulturgeschichtlich interessant und das Panorama sehr schön. Die Nachbarinseln Alicudi und Salina breiten sich im Mittelmeer aus; bei guter Sicht erkennt man die Küste Siziliens am Horizont. Oft weht eine angenehme Brise und man kann bis zum 174 m hohen Montagnola di Capo Graziano hochwandern. Umfangreiche Gebäudereste erinnern an eine archaische Tempelanlage. Zucco Grande, ein ehemals verlassenes Dorf, wo sich seit kurzem neues Leben regt, wird in einer Stunde vom Dörfchen Valdichiesa aus erreicht. Dort wurden Spuren entdeckt, die auf eine Besiedelung in griechischer Zeit hinweisen.

Auf private Initiative wurden im Sommer 2000 mit Hilfe von Freunden und Einheimischen der Insel, unzählige zerfallene und zugewachsene Wege auf der gesamten Insel gesäubert und von Gestrüpp und Dornen befreit. In einer Wanderkarte – »Camminare a Filicudi«, gratis auf der Insel erhältlich, sind alle Wege detailliert eingezeichnet. Auf den Wanderungen – nahezu die gesamte Insel kann bewandert werden – begegnet man zahlreichen Tieren:

Eidechsen, Käfer, Inselnattern, Wildkaninchen, Seemöwen, Kormorane, Raben, Schwalben, Bussarde, Zaunkönige, Distelfinke und die aus Madagaskar stammenden Eleonorfalken, die im Winter an der Nordküste nisten. Da zwei Drittel von Filicudi Naturschutzgebiet sind, lassen sich hier Tiere nieder, deren Lebensraum an anderen Orten bedroht ist.

Die ursprüngliche Natur ist ein Paradies: Verwinkelte Saumpfade mit Wermutstauden, Wolfsmilchbusch, Feigenbäumen und wilden Reben; Ginster, Heidekraut, Zistrose, Erdbeerbaum, Lorbeer, Rosmarin und Lavendel wachsen wild, sowie der wilde Fenchel, der in der sizilianischen Küche sehr beliebt ist. Der Riesenfenchel blüht im Frühling und kann menschengross werden. Die Kapern werden wegen ihrer wunderschönen Blüten auch äolische Orchidee genannt. Die meisten Blütenknospen werden gepflückt und geerntet, denn je jünger und kleiner die Knospen, desto schmackhafter sind sie. Üppig wachsen Kaktusfeigen und Opuntien, Hibiscus, Jasmin, Mimosen und Bougainvillea – und in die Pflanzenpracht eingebettet liegen kleine Häuser, an griechische Inselarchitektur erinnernd.

Weiche Sandstrände mit Sonnenschirmen sind auf Filicudi nicht zu finden, dafür gibt es ursprüngliche Strandabschnitte mit bizarrem Basaltgestein und unzähligen runden, ovalen, verschieden grossen Lavasteinen. Vom Boot aus erreicht man einsame und wunderschöne Buchten. Schnorchler und Taucher finden hier zerklüftete Korallenriffe und viele Barsche, Goldbrassen, Tintenfische, Barben, Thunfische, Mondfische, Krebse, sogar Seepferdchen und Seesterne. Bei spiegelglattem Meer sind in der Morgen- und Abenddämmerung manchmal Delfine bei ihrer eleganten Wasserakrobatik zu beobachten.

Von dem Fischerhafen Pecorini Porto oder von Filicudi Porto aus starten die individuellen Bootsfahrten. Die Fischer kennen jeden Felsen, jede Grotte und jede Bucht ihrer Insel, und sie erzählen auf der Fahrt gerne darüber. Durch einen »Giro dell' Isola« wird die Insel ganz neu erlebt. Das Meer spricht seine eigene Sprache und ist eine Welt für sich. An der schmalen Felsnadel »Canna«

vorbeizufahren ist ein Abenteuer. »Der Spazierstock der Äolen« inmitten des Meeres ist bei Spitzenkletterern beliebt. Die »Grotta del Bue Marino«, die »Höhle des Meerochsen und der Seerobben«, ist ein besonderes Juwel, das nur bei ruhiger See mit dem Boot erreicht werden kann. Man kann sich gut vorstellen, dass vor hundert Jahren hier noch Robben und andere Meerestiere lebten. In allen Schattierungen von Blau über Gelb bis Grün leuchten die Wände der Grotte, deren Farben durch vulkanische Gase gebildet werden.

Auf einer Segelreise können die sechs Inselschwestern des Archipels besucht und erlebt werden. Die Farben des Meeres sind je nach Lichteinfall, Sonnenstand und Windverhältnissen faszinierend und schön: Filicudi, sei cara, sei magica.

» Schwimmen in der Luft, in der T'ai Chi-Form.
Die Luft, dieses unsichtbare,
allgegenwärtige Element, das mich ständig
umgibt und berührt. Das Element,
durch das wir uns hindurchbewegen.«

Luftige Reflexionen – T'ai Chi auf Filicudi

Maria J. Gleede

Denkt man an eine Insel, dann ist eine der ersten Assoziationen das Meer, in unserem Fall das wunderschöne Mittelmeer, das auch von unserem »T'ai Chi Platz« aus sichtbar war.

Doch da ist auch der Wind auf einer Insel, dieses unsichtbare aber so gut und oft wahrnehmbare Phänomen, dem Element Luft zugehörig. Sie ist immer da, auch dann, wenn die Winde schlafen. Der bekannte T'ai Chi Meister und Professor der »fünf Künste« Cheng man Ch'ing, bezeichnete das T'ai Chi als »Schwimmen in der Luft«. Man könnte sagen: was dem Menschen die Luft, ist dem Fisch das Wasser. Eigentlich, sagen die Chinesen, soll man nur bei Windstille T'ai Chi üben – der Wind könnte sich störend auf das Energiefeld auswirken, das man während des Übens aufbaut.

Richtigen Wind mussten wir auch nie während unseres morgendlichen Übens aushalten, wenn auch alle Winde, die über Filicudi hinwegwehen, ganz präsent waren auf unserem T'ai Chi-Platz: in schöner klarer, sternförmiger Anordnung, gemäss den zugehörigen Himmelsrichtungen, sind sie in der Mitte des Platzes aufgezeichnet. Die leichte frische Brise, die oft durch den Säulengang strich, dort, wo wir übten, liess mich die Luft, dieses unsichtbare, allgegenwärtige Element, sehr bewusst wahrnehmen. D a s Element, das mich ständig umgibt und berührt. D a s Element, durch das wir uns hindurchbewegen, wenn wir die T'ai Chi-Form praktizieren. Und das verstärkt und in einer nochmals gänzlich anderen Weise spürbar wird, wenn durch das meditative Atmen die Energie im Körper in Fluss kommt, wenn ich spüren kann, wie es mich von innen her erfüllt. Dann erfährt man an und im eigenen Körper, was Cheng man Ch'ing mit dem Schwimmen in der Luft meint.

Durch das Sinken der Aufmerksamkeit auf das T'an Tien erreichen wir eine Vertiefung der Atmung. Wir bewahren das Chi, unsere Lebensenergie, im Bauchraum und stabilisieren und festigen dadurch unseren Stand; wir sind gut geerdet. Gleichzeitig erfahren wir eine Leichtigkeit und Durchlässigkeit im oberen Körperbereich; das Chi zirkuliert, es fliesst. Natürlich, das muss hier erwähnt werden, setzt diese Erfahrung ein intensives, regelmässiges Üben voraus.

Es ist für mich jedes Mal eine besonders beglückende Erfahrung, wenn ich mit Menschen T'ai Chi übe, die mit dem Meditieren vertraut sind. Im Meditieren erfahren wir ja das Luftelement ganz konkret und bewusst über den Atem: wir üben sowohl die Aufmerksamkeit auf unseren Atemrhythmus zu lenken als auch das bewusste Lenken der Atmung durch die geistige Vorstellung. Wir erleben das Verbundensein mit dem Kosmos und der Erde über unser inneres Aus- und Aufgerichtetsein. Mit dieser meditativen Übungspraxis ist es ein Leichtes, sich ins T'ai Chi einzufinden. Denn alle wichtigen inneren Elemente des T'ai Chi wie das Sinken der Aufmerksamkeit aufs T'an Tien, die Vorstellung, mit einem goldenen Faden am Scheitelpunkt des Kopfes mit dem Himmel verbunden zu sein, das tiefe, ruhige Fliessen des Atems, all das ist in der sitzenden Meditation schon geübt und muss jetzt einfach in den Stand und in die Bewegung übersetzt werden. An diesem Punkt werden wir natürlich alle mit unserem Körper und seinen spezifischen Gegebenheiten konfrontiert. Da lehrt uns das T'ai Chi auf sanfte Weise, Härten und Blockaden in unserem Körper zu erspüren und zu lösen, als würde man ihm nach und nach ein neues Programm zugänglich machen.

Unser allmorgendliches Üben blieb auf der Insel nicht unbemerkt: wir hatten regelmässig Zaungäste, und einer traute sich sogar, anzufragen, ob er mitmachen dürfe. Er wurde daraufhin herzlich eingeladen. Vielleicht hat dann der Mut doch nicht ganz gereicht, es kam jedenfalls nicht dazu, dass wir »zweisprachig« übten. Doch was nicht ist, kann noch werden – wir kommen ja wieder...

Die Filicudi-T'ai Chi-Gruppe war in Bezug auf den Kenntnisstand eine schön bunt gemischte Gruppe: von Anfängern bis zum recht Fortgeschrittenen. Fürs Unterrichten bedeutete dies eine gewisse Herausforderung: die Anfänger dürfen nicht überfordert werden und die Fortgeschrittenen sollen auch Neues lernen dürfen. Was dann dabei herauskam, hat mich wirklich überrascht und mich aufs Neue gelehrt, dass das Vertrauen in das, was geschieht, wirklich tragen und Unerwartetes zum Vorschein bringen kann: es entstand eine Variante der altehrwürdigen Form: die Filicudi-Form. Ich nahm behutsam »die schöne Dame am Webstuhl« aus ihrem gewohnten Kontext heraus und baute sie fliessend und leicht in den Anfangspart der T'ai Chi Form ein. So konnte ich sehr gut das Anfänger- mit dem Fortgeschrittenenprogramm kombinieren – eines floss sozusagen ins andere über. So wie es eben beim T'ai Chi sein soll: ohne Anstrengung, fliessend und leicht.

Und wer weiss – bei einem starken Scirocco, der ab und zu über Filicudi braust, könnte es ja sein, dass unsere Filicudi-Form aufs Festland geblasen wird und sich auch da fliessend und leicht einfügt in das, was ist und was sein wird.

Reisetagebuch I

Alles hat seine Zeit...

Ödon von Horvath seufzt: »Eigentlich bin ich ganz anders, nur komm ich so selten dazu.«

Ihre Notizen

Aristoteles behauptete: »Es bedarf der Musse, wenn man plötzlich handeln will.«

Nehmen Sie Ihr Menschenrecht auf Ihren persönlichen Rhythmus in Anspruch?

Ihre Notizen

suonare

»Wie der Honigapfel sich rötet
hoch oben am Ast,
hoch oben, am obersten Ast,
es vergassen die Apfelpflücker –
Nein, sie vergassen ihn nicht,
sie konnten ihn nur nicht erreichen.«

Sappho

Poesiewerkstatt 2005

Silvia Villars

Das Wort Poesie vom Griechischen abgeleitet bedeutet »Wortschöpfung«.

»Jedes Gedicht, das nach einem Platz in meiner Geschichte strebt, ist dazu verpflichtet, sie von neuem zu erzählen, aber auf eine nicht schon zuvor bekannte Weise.« meint der Dichter Haris Vlavianos. Und die Dichterin Hilde Domin schreibt: »Vielleicht sind wir nichts als Schalen, womit der Augenblick geschöpft wird.«

Es ist ein sonniger Nachmittag. Wir treffen uns zu unserer ersten Poesiewerkstatt unter dem hohen, schattenspendenden Eukalyptusbaum. Dort lassen wir uns auf der weiss gekalkten Steinbank nieder, unsere Schreibbücher und Stifte ruhen vorerst auf dem grosszügigen Tisch, der neben der Sitzbank steht. In diesem schönen Inselgarten lade ich alle Teilnehmerinnen und Teilnehmer ein, sich liebevoll nach innen zu wenden, die Augen zu schliessen und ihre Sinne wahrzunehmen. Aufmerksam nehmen wir die Qualität des Hörens, des Riechens, des Sehens, des Schmeckens und des Berührens wahr. In solchen Momenten innerer Aufmerksamkeit spüren wir den Pulsschlag unseres Herzens. Körperlich und seelisch präsent sind wir im Einklang mit unserem Atemfluss und unserem ureigenen Rhythmus. Innere Resonanzräume entfalten sich, in denen Inspiration und Kreativität fliessen. Tief verbunden mit dieser Qualität suchen wir uns einen Lieblingsplatz im Garten der Villa La Rosa und beginnen zu schreiben.

Der Mond zeigt sich an diesem helllichten Tag als volle runde Scheibe. Die Rosen, liebevoll von Mama Lucia gepflegt, strömen ihren Duft aus. Eine Eidechse wandert über den grossen Lavastein.

Die Nachbarskatze gleitet der Kakteenwand entlang und wir schreiben, dichten, formen, schöpfen Wortklänge. Individuell, aus dem Moment geboren, unverfälscht und ursprünglich.

Die Poesie- und Wortklänge wachsen in den folgenden Tagen weiter. Es gibt unendlich viele Inspirationsquellen: Das Meer und die durch die Brandung rollenden Lavasteine; der liebevolle Blick auf unser individuelles, einzigartiges Potenzial; ein Traum, der uns berührt und in den Tag begleitet; die Begegnung mit wilden Hasen, Eidechsen, Schlangen, Eseln und Vögeln auf unseren Wanderungen; die Feuerkraft der Vulkaninsel, die keine Lügen duldet oder die sizilianische Gastfreundschaft der Filicudani.

Abends geniessen wir Adelaide Randos Küche: Herrlich würzige Pasta mit wildem Fenchel und frischem Fisch, der auf einem grossen, duftenden Feigenblatt serviert wird. Ich erkenne Gemeinsamkeiten zwischen der authentischen, schmackhaften Küche und den heute entstandenen Poesien. Beide sind sie voll Intensität, ein Fest für die Sinne. Es »mundet, duftet und berührt«.

»Braucht es eine besondere Begabung, um Gedichte und Poesien zu schreiben?« werde ich gefragt. »Ist dies lernbar oder angeboren?« Meine bisherige Erfahrung sagt mir, dass jeder Mensch auf seine individuelle Weise Wortklänge erschaffen kann. Sicher braucht es die Bereitschaft des kontinuierlichen Experimentierens und die Freude, den Klang der Buchstaben – die sich in unverwechselbaren Worten aneinanderfügen – im Herzen zu spüren.

»Solange wir atmen, müssen wir dies schwierige ABC neu buchstabieren. Täglich. Jeder von uns. Es ist der Atem selbst.« meint Hilde Domin. In der Poesie können Tränen des Lebens in Wortperlen verwandelt werden. Liebe und Lebensfreude erhalten einen Namen. Ein achtsam formuliertes Wort kann eine Situation völlig verändern. Ob wir ein halb leeres Glas oder ein halb gefülltes Glas trinken – es scheint ein und dasselbe zu sein und ist doch ganz anders.

Wir sind diesmal am Strand und schreiben. Ich sitze auf einem sonnengewärmten, runden Lavastein und höre dem

Meeresrauschen zu. Da sehe ich folgendes Bild vor mir: Ein Kind, das eine Muschel staunend und fasziniert an sein Ohr hält. Was hört das Kind da? Ja, es hört das Rauschen des Meeres. Alfred Tomatis, ein Hals-Nasen-Ohren-Arzt und Hörforscher meint dazu »Der Embryo im Mutterbauch kann sogar das Rauschen seiner eigenen Zellen hören und interpretiert dieses Rauschen als den Klang des Lebens.«

Klänge des tiefen Erinnerns und immer wieder neuen Wandelns sind geheimnisvoll schön. Viele Kerzen leuchten, gemeinsam mit ein paar Taschenlampen, als wir uns in der Sternennacht unsere Poesien und Geschichten erzählen und die Zeit dabei vergessen. Ja… und im Licht der Sternschnuppen funkelt das Geheimnis unserer unausgesprochenen Wünsche...

»Und wir gelangten zur Äolos-Insel;
es wohnte dort aber Äolos, Sohn des Hippotes,
ein Freund den unsterblichen Göttern.
Auf einer schwimmenden Insel;
und ringsum ist eine Mauer,
ehern und nicht zu durchbrechen,
und glatt erhebt sich der Felsen.«

Homer

Eine Insel erklingt in Worten

Hier sind sie, unsere Wortklänge, Geschichten und Märchen, zu denen uns die Insel inspirierte.

» Zu mir und zum Leben habe ich gefunden – mit vertiefter Gelassenheit und Mitgefühl für mich und für die anderen. «

Andreas Furter
46, 2 Söhne, Betriebsmechaniker und YNO T'ai Chi Lehrer in Ausbildung

Es ist alles in mir

Betrachte und lausche der Natur.
Wie die zwei Flügel eines Schmetterlings,
so haben die Menschen zwei Ohren
und nur einen Mund,
damit wir doppelt soviel zuhören,
wie sprechen.

Es ist alles in mir. Wende Dich nach innen,
so kommst Du nicht von Sinnen.
Sei aufrecht, froh und heiter,
so geht es immer weiter.
Froh zu sein bedarf es wenig
und wer froh ist, ist ein König.

In meinem Herzen brodelt
die Lebensenergie.
Ich darf meine Freude zeigen.

Die Glaubenssätze werden durch Akzeptanz
aufgelöst.
Dazu brauchen wir LiebeWille.
Ich kann wählen, in Freiheit verbunden sein.
Meine schöne Seele darf sich durch meinen Körper
auswirken.

Die Natur ist unser Lehrmeister.
Nimm Dir Zeit und schau hin.
Du kannst im Kleinen grosse Freude haben.
Denn es sind die kleinen Dinge,
die Dich erfreuen.

» Raum und vertiefte Lebensqualität im tiefen Würdigen des eigenen Lebens, der eigenen Seele – in dieser Ruhe können meine Sinne und meine Seele frei und zeitlos schwingen. «

Andres Romann
47, 2 Kinder

Voll und ganz

Fühle mich noch von der Kraft
durchdrungen
und in meiner Feinheit aus der Tiefe
besungen

Geöffnet ist mein Herz
gegangen all der Schmerz
von Inseln träum ich nur
schaue selten auf die Uhr

bin verbunden in der Ewigkeit
denn die Grenzen sind so weit

beim nach Innen wenden spür ich mich
voll und ganz
es ist als bedeckten Engelsflügel mich
beim Tanz

so mache ich mich nun auf den Weg
das Hier und Jetzt zu erkunden

denn mein Glück habe ich schon gefunden!

» Luft ist die Liebe, die wir einatmen und der Wind ihr Gefährte, der die Seele bewegt. Als ich bei meiner Ankunft auf Filicudi den Levantewind auf meiner Haut spüre, fühle ich beides. Der warme Saharawind erinnert mich an zu Hause, an Nordafrika, an Marokko, an das Land, in dem ich aufgewachsen bin, und in dem Luft, Wind, Sonne und die ursprüngliche Natur von Zeiten erzählen, in denen das Wünschen noch geholfen hat. «

Angelika U. Reutter
1 Tochter, 1 Enkel, Psychologin M.A., Psychoenergie-Therapie

Auf meinem Schulweg in Tanger liess ich mich Tag für Tag vom Levantewind tragen und versuchte, mit den kleinen Wirbeln zu fliegen. In der kurzen Pause, wenn der Wind Anlauf zu nehmen scheint – vielleicht ist dieser geheimnisvolle Moment die »Ruhe vor dem Sturm?« – hielt ich den Atem an, horchte in mich hinein, um mich dem nächsten Schwung voll hinzugeben.
Dieses Mitgehen, das Innehalten und dann den nächsten Schritt zu tun, ist für mich seit meiner Kindheit ein vertrautes Gefühl. Und ein schönes dazu. Es ist für mich das »Levantegefühl«, an das ich mich gern und ganz konkret, sinnlich spürbar auf der Haut, erinnere, auch hier auf Filicudi.
In Adelaide Randos Küche steht eine rote Schale mit leuchtenden Tomaten, mitten auf dem grossen Küchentisch. Ihr Duft vermischt sich mit dem Basilikum, und schon ist mein Kindheitstraum, der mich viele Jahre wie eine Verheissung begleitete, wieder ganz lebendig in mir:
Ich stehe als kleines Mädchen in einem riesengrossen Garten. Es duftet nach würziger Erde, und das grosse Himmelszelt über mir vermittelt Schutz und Geborgenheit. Von unsichtbarer Hand erhalte ich einen Korb mit sieben kleinen, farbigen pyramidenförmigen Hüten. Dann entdecke ich kleine, leuchtende Tomaten, die sich wie saftige Kugeln in die dunkelbraune Erde schmiegen. Jede Tomate bekommt ein Hütchen – jedes in einer anderen Farbe, sodass der Regenbogen vollständig ist. Schon nach kurzer Zeit darf ich die Hütchen in die Höhe heben und siehe da: Die Tomaten sind zu grossen, tiefroten, prallen »Liebesäpfeln«, wie sie auch genannt werden, herangewachsen.

Mit Freude male ich in der Poesiewerkstatt meinen Namen in den Regenbogenfarben – so als wäre es das erste Mal. Mein Gedicht heisst: Ich rufe dich bei deinem Namen… Der Text ist verschwunden. Das Gefühl dazu jedoch nicht.

» Good luck my little Anna. «

Anna Milena Gleede
23, Designstudentin, Sizilienfan

» Ich bin auf die Insel Filicudi gereist, weil ich sehr mit Sizilien verbunden bin. Jedes Mal, wenn ich auf der grossen sizilianischen Insel bin, finde ich wieder einen Teil von mir selbst. Die Intensität der Inseln verbunden mit der Intensität des Seminars erlebte ich als Energie pur. Zurück in den Alltag heimgekehrt habe ich das Studium der Grafik Design Schule in Turin angefangen. Eine Wette mit mir selbst, eine Aufgabe und ein neuer Teil meiner Lebensgeschichte. Good luck my little Anna. «

» In meine Hängematte, erwachsen aus Liebe, sind weitere Fäden eingewoben worden. – Die Ich Bin-Kraft, als meine innere Familie, hält mich zusammen. Ich bin zu Hause angekommen. In mir ist alles leer, es darf sich mit Neuem füllen. – Das Innere der Magnolie ist zart und wunderschön. Ihr Duft zauberhaft. «

Barbara Hausherr
56, 2 Töchter, Treuhänderin und Psychoenergie-Therapeutin

Liebe

Liebe ist nicht Sehnsucht

Liebe ist kein Drama

Liebe stülpt nichts über

Liebe ist offen und ehrlich

Liebe lässt los

Liebe ist fein und einfühlsam

LIEBE IST EINE FLIESSENDE ENERGIE

» Reich beschenkt von der Insel, den Menschen und der Natur, bin ich meiner Seele näher gekommen und habe mein »Inneres Land« wiedergefunden – mein Zuhause – auch in turbulenten Zeiten. «

Beatrice Wäger Hayoz
65, bis 2007 Stv. RAV-Leiterin und Beraterin von Stellensuchenden

Villa la Rosa 16. Mai 2005

Gastfreundschaft – wärmende Sonne – blühende Rosen
Meer – Hafen – Fische – vom Wind berühren lassen
Helikoptergesurre – Menschenstimmen – Aussenwelt
Säumerpfade – Geschichten
Wunderbare Menschen
Nach innen wenden – Atemkreislauf
Mit dem Herzen sehen – annehmen – verstehen
Die eigene Geschichte erahnen – meine Insel finden
Die kleine Beatrice in die Arme nehmen – schön, dass Du da bist
Danke

Tragende Erde 18. Mai 2005

Himmlischer Wind
Blühende Blumen
Schäumendes Meer
Steine – Geschichten
Duftende Bäume und Sträucher
Herzen in Verbindung
Der Kosmos ist – ich bin – Fülle

Selbst 19. Mai 2005

In Verbindung von Liebe und Wille
fühlt sich die kleine Beatrice/s'Schätzeli
in Verbindung mit sich SELBST

Rück Schau – 8 Tage – 8 Essenzen

Am tiefsten berührt hat mich, dass ich, frei von inneren Saboteuren und aus Überzeugung und Freude gewählt habe, am Abschlussabend meine wichtigsten Inselerfahrungen der Gruppe zu präsentieren. Die Idee dazu wurde mir geschenkt vom Boden, auf dem ich jeden Morgen beim T'ai Chi stand. Es war die sternförmige, in Stein eingelegte Darstellung der 8 Himmelsrichtungen und Winde. Zu den Namen der 8 Winde fügten sich die Essenzen meiner Prozesse an den 8 Kurstagen.

Ankommen – schön, dass Du da bist.

Samstag, 1. Tag

Die Sinne lassen Altes los und nehmen Neues auf.

Sonntag, 2. Tag

Im T'ai Chi bei Sonnenaufgang im Tantien sein.

Montag, 3. Tag

Vom Samen mit dem Schirmchen
das Wachsen in der Leichtigkeit des SEINS lernen.

Dienstag, 4. Tag

Ich darf mich zeigen und gesehen werden, so wie ich bin.

Mittwoch, 5. Tag

Das kleine Schätzeli in der Hängematte.

Donnerstag, 6. Tag

Ein erhabenes Gefühl ohne den Glaubenssatz »das kann ich nicht« – sondern neu »das kann ich«.

Freitag, 7. Tag

Danke an meine innere Führerin, die Seele; danke an meine wunderbare Maestra Angelika; an meine geduldige Lehrerin Maria, an Silvia für die Anstösse, an mein Potenzial, an Euch alle, die Ihr mir viel Vertrauen und Geborgenheit geschenkt habt.

Samstag, 8. Tag

» Tiefe Seelenresonanz auf die Kraft und Urwüchsigkeit der Insel – mich selber darin wieder finden – Einfachsein, Schönsein, Natürlichsein und Herzlichsein – und tiefes Verbundensein – mit meiner Seele und meinem Herz – jetzt und hier – in diesem Leben in diesem meinem Körper – tagtäglich. Mein vertieftes Vertrauen in ihr Richtigsein und Wichtigsein für mich. Wo Himmel und Erde, Erde und Himmel sich die Hände reichen... «

Claudia Sophia Huetter
48, 1 Tochter und 1 Sohn, terracielo Grafikdesign & paraViso Raumgestaltung

ja, ich bleibe.

ja, ich bleibe.

bleibe bei mir – bei meiner art

bleiben – der leib – be-leben – meines leben.

nach hause zurück-kehren – auf meine insel in mir

insel – isola – die sonne und wärme in mir

da, wo meine bäume wachsen
da, wo meine lieder klingen

da, wo meine lunge ihre flügel ausbreitet
und in die sonne blinzelt

meine isola – beleben,
bevölkern – mit meinen seelenkindern
meine familie darf wachsen

im einklang mit ihrer ab stammung,
ihren wurzeln – ihren ur wurzeln

im einklang mit ihrer be stimmung
das, worauf sie – wie eine saite – fein eingestimmt wurde

das ur erbe, das in ihrem blut schwingt

hin hören – hin ein hören,
in die eigene be stimmung einschwingen

meinen ur klang leben – und bleiben.

Heute Nacht

Heute Nacht bin ich über die Insel geflogen.

Bin früh – nach einigen Stunden – erwacht, es war noch dunkel.
Lilly ? – Milchstrasse ? – Nein, bewölkt und windig.

Mein Herz will spazieren gehen
sucht und findet die Kleider im Dunkeln
und einen Apfel – Nicolette schläft weich und ruhig.

Dunkel – die weiche Nacht, die weiche Luft.

Mein Weg führt an der Maria vorbei
das Licht ihres Scheines prägt sich in meine
Netzhaut – wie Fallschirme, die am Nachthimmel schweben.

Und weiter – meine Füsse wollen weiter,
barfuss – den Weg, den sie gestern bei Tag gingen.

Gedanken. – Schlangen? – Nein.

Und weiter – an den Bäumen und Gewürzen vorbei
bis ich dann, ganz zuvorderst, auf einem Steinbrocken sitze
unter mir der abfallende Hang zum Meer.

Am Himmel sehe ich die Engel fliegen
mit ausgebreiteten Flügeln über die Insel und das Meer.

Die Bäume atmen weich – die Inselerde – das Meer.

Ja, das bin ich.
Ungeschminkt. Nature.
Das liebe- und erdverbundene wirkliche Wesen meines JetztLebens.

Hinter den Häusern färbt sich sanftweich der Morgen
die Engel ziehen das feingefärbte Gewebe über den Himmel
weiter und weiter.

Die Möwen kreisen – erzählen von den Geschichten der Nacht
von ihren Reisen über Meer und Land.

Ich sitze auf dem Fels – spüre in mir das Meer atmen
den Wind auf meiner Haut – und Sophia sitzt neben mir
hat ihren Flügel um meine Schulter gelegt.

Und so sitzen sie beide – und blicken aufs Meer
und spüren das sanfte Werden des Tages.
Spüren und sehen, wie jeder Baum, jeder Fels
wie jeder weichgeschwungene Hügel und jede Welle
genauso liebegewollt und richtig ist – eingebettet.

Der Tag hat sich eröffnet
noch immer sehen sie die Engel am Himmel.
Sie stehen auf, bedanken sich beim Platz
und machen sich auf den Weg – Seite an Seite.

Vorbei an wildem Lavendel und Fenchel, an Olivenbäumen
an Mohn, Korn, Disteln und wilden Aprikosen.

Auf der Mitte der Strasse – zurück zu den Häusern.

Verweilen bei der Maria für einen Gruss
einen Dank, den sie ihr zu Füssen legen.

Bei den Häusern angekommen, legen sie sich
an die wärmende Morgensonne – umhüllen sich mit ihren Flügeln
die Sonne auf dem Gesicht.

» Ich freue mich über die Liebe und Zuwendung für mich und über die spielerische Freude. Auch der kleine Jakob in mir darf spielen. Die Erfahrung bewusst »zu bleiben« auch in Situationen, die mich überfordern und mich dann mir liebevoll zuzuwenden, berühren mich. Ich freue mich, und noch etwas: Ich beginne den Tag mit einem Apfel. «

Jakob Marti
54, Maschineningenieur und Erfinder

Aus der Poesiewerkstatt

Es rattert und knattert, quietscht und ächzt.
Es parlt und lamentiert, bellt und heult.
Es gackert und zwitschert, weint und lacht.
Und wisst ihr was: Ich will auch gehört werden.

Juhuuuuuuuuu

Schau doch einmal genauer hin.

Die Urform einer Maschine.
Kein Teil zu viel.
Kein Schnickschnack.

Das ist ein Motor !

» In der Verbindung der Morgenmeditation mit dem individuellen Austausch der Essenzen unter dem liebevollen Schirm der »inneren Werte« hat sich mein Bewusstsein für Himmel und Erde und für meine Seele erweitert. – Die Wahrnehmung unserer unendlich schönen Schöpfung des Intellekts und der sinnlichen Wahrnehmung konnten sich in eine Erdverbundenheit wandeln. «

Joachim Mantel
66, 2 Söhne, Architekt ETH/SIA/SWB

Sehende Augen

Alles ist wunderbar
für sehende Augen.
Sehen heisst achtsam sein.
Sehen heisst lieben.

» Ig tue gärn: lache – liebe – läse – loufe – löie – lose – schwige – schnäddere – schnouse – schnuufe – singe – tanze – gränne – Hünd und Chatze strichle, Meer u Wald, Bärge, Sunne u Räge gniesse mit Luscht u Fruscht im Strom vom Läbe fliesse z'mitts im Härz es ewig klingends JA! Das bin ig u ig bi DA! «

Lilly Friedrich
62, Schauspielerin

SOGNO D'ORO
LA MATTINA
SOLE
AQUA
FUOCO
TERRA
ANIMA
LUNA
BACIO
CARINO
BELLA
AMORE
ISOLA
ITALIA, LA LINGUA ITALIANA
Sprache!
Sprache:
Resonanz der Seele
Seelenklänge
hier auf Filicudi
Seelenklänge
von allen
für alle
Musik
MUSICA
Freude
GIOIA
und Dank allen Seelenklängen
aus der zeitlosen Zeit
lasst mich ein-stimmen
in den Klang des Universums
OM
und
CIAO!

An mich

Du bist ungebärdig, lustig laut und frech
schön und stolz
du singst mit den Blumen
tanzt mit dem Bach
und redest mit den Bäumen.
Verkriechst dich manchmal ins Dunkle
zitterst, hast Angst
fühlst dich klein und hässlich
und abgeschnitten von allen und allem
Einsamkeit.

Und plötzlich hörst du von innen den Klang
Das ewige Lied des Seins
Dann sprechen die Steine wieder
Die Möwe schaut dich an
Der Hund kann lesen wieder
In deiner Seele

Die Blätter sind wieder grün an den Bäumen
Steine haben wieder Licht
Worte haben wieder Klang

Menschen sind wieder Menschen
Sind schön
Du singst, du lachst
Du bist
Du bist
Die Erde ist deine Mutter
Der Himmel beschützt dich
und du bist die Quelle deines Seins
Und dein Licht leuchtet
Du grosses JA
Klingst in meiner Mitte

Und ich sage Dank.

» Als ich am Strand von Filicudi über die Vulkansteine kletterte, wurde mir bewusst, dass die Erde ein Lebewesen ist, das sich verändert und wandelt, das den Gesetzen der Materie unterworfen ist, so wie unser Körper. Ich habe die Ausdehnung und Weite meines Selbst, meiner Seele erfahren, die Unendlichkeit des Kosmos wie auch die Endlichkeit in meinem Körper – die tief erlebte Erfahrung des Unsichtbaren, des Ewigen. «

Madeleine Zadori
55, 2 Söhne, Sozialarbeiterin und Psychoenergie-Therapeutin

Fülle

Wohin meine Augen blicken –
sie trinken sich satt an den Farben und Formen
und mein Herz überquillt vor Freude und Glück.

Die Gedanken sind ruhig –
so auch mein Gemüt,
ich fühle mich geborgen, so wie es jetzt gerade ist.

Das Leben kann so einfach sein und ach, so kompliziert.
Doch das ist im Moment weit weg – und ich weiss,
wie schnell es mich früher oder später wieder einholen wird.

Dann möchte ich mich an diese Augenblicke tiefer Zufriedenheit,
Friede und Glück zurückerinnern
an das Rauschen der Blätter im Winde,
an das Wiegen in der Hängematte,
an die Zeit die reichlich zur Verfügung stand,
die mir Türen geöffnet hat in die Unendlichkeit,
wo in der Tiefe meiner Quelle so vieles noch verborgen,
an die Oberfläche kommen möchte,

an das Wunder,

an die Fülle des Lebens.

» Liebe ist Leben – Leben ist Liebe. Blockaden und Widerstände wandeln sich in das Fliessenlassen meiner LiebesLebens-Energie. Ich erfahre den Klang der Seele, die Quelle meiner Liebe und den Kontakt zu meiner eigenen individuellen Kreativität. Die Einsicht, dass LiebeWille alles möglich macht. – Das Leben intensiviert sich, die Wahrnehmung schärft sich, Beziehungen intensivieren sich, Beziehungen leben und fliessen lassen. – Das Leben als dichte Fülle erleben. «

Maria Hug
65, 2 Söhne, 3 Enkelinnen, ehem. diplomierte Pflegefachfrau

LIEBE WILLE

LiebeWille wird geboren

LiebeWille wird getrennt

Liebe sucht

Liebe will leben

Liebe verirrt sich

Liebe wird still

Liebe fängt an zu horchen

Liebe fängt an zu hören

Liebe findet das Herz

Liebe findet Liebe

Die Liebe ist neu geboren

LiebeWille wird geboren

LiebeWille wird getrennt

Wille ist Energie

Wille will leben

Wille will tun

Wille vollbringt

Wille schwirrt

Wille dreht sich

Wille erinnert sich

Wille in Liebe gehalten

Ist LiebeWille wieder vereint

DAS LEBEN BEGINNT

» Wenn das Erkennen der eigenen inneren Schätze zusammentrifft mit dem bewussten Erleben von Schönheit in der Natur, dann ergibt das ein ganz wundersames Glücksgefühl. «

Maria J. Gleede
2 Töchter, Physiotherapeutin und T'ai Chi Lehrerin

Ode an mein Selbst

Kennst Du das Land,
wo die Zitronen blühen?

O ja, jetzt kenn' ich es!

Das mit den gelben guten Früchten
und vielen tausend Schätzen der Natur,
wo alle Sinne tun sich auf
und wo die Seele kehrt nach Haus'

Hier ist es mir geschenkt
mein inner Land nun zu betreten
ein bisschen zöglich noch
und fast so wie verlegen

betret' ich meinen eig'nen innern Raum

und weiss:

hier kann ich blüh'n.

» Ich wurde getragen von der Kraft der Natur, der Fröhlichkeit der Menschen und der Energie der Gruppe. Die Einfachheit und Offenheit der Inselbewohner und Inselbewohnerinnen hat mich berührt. Manchmal ertönte ein Ruf oder Lachen über das ganze Dorf hinweg. Im Neu-Entdecken des eigenen inneren Landes finde ich Ruhe und vertiefte Selbst-Sicherheit für neues, freies und offenes Begegnen. «

Marianne Boesch
2 Kinder

Das Geschenk

Es war einmal ein Mädchen, das war so traurig, dass es immerzu weinte und konnte gar nicht mehr aufhören.

Es ging zu Ärzten, Therapeuten und Astrologen, um seine Tränen zu stoppen, zu erlauben oder zu deuten, aber nichts linderte seine Traurigkeit. Die Leute wurden ungeduldig und sagten: »Geh weg, du machst alles nass mit deinen Tränen!«. Andere sagten: »Geh weg, du steckst uns an mit deiner Traurigkeit, du Heulsuse!« Und noch andere: »Arbeite lieber etwas, anstatt heulend herumzustehen, dann wird dir dein Heulen von selbst vergehen!«

Das Mädchen ging also weg, immer weiter, dem Fluss seiner Tränen nach, bis es zum grossen Meer kam. Da das Wasser salzig schmeckte, wie seine Tränen, legte es sich müde und vertrauensvoll in den Sand und schlief erschöpft ein. Nachts stiegen die Wellen des Meeres und trugen das Mädchen schaukelnd und wiegend mit sich fort; weit, weit, viele Tage und Nächte über den weiten Ozean; dort legten sie es, immer noch schlafend, ans Ufer eines fremden Landes.

Als das Mädchen endlich aufwachte, schaute es sich um und sah etwas Seltsames: Kinder spielten fröhlich am Strand und Tränen liefen aus ihren Augen. Die Erwachsenen unterhielten sich angeregt und weinten dabei. Das Mädchen musste unwillkürlich lachen ob diesem Anblick. Sofort näherten sich ihm einige Kinder und fragten es besorgt lächelnd, ob es traurig sei, dass es so laut lache, und ob sie ihm helfen könnten.

Das Mädchen war von den Wellen des Meeres ins Umkehrland getragen worden! Die Menschen dort lachten, wenn sie traurig waren, und weinten, wenn sie glücklich waren. Das Mädchen konnte nun seinen Tränen freien Lauf lassen, niemand störte sich mehr daran, denn alle dachten, es wäre glücklich und zufrieden. Manchmal, in seinem Kämmerlein, versuchte es die »Sprache« des Umkehrlandes, und lächelte, wenn es traurig war. Schliesslich war es so verwirrt: Tränen und Lachen, traurig, oder glücklich; es wusste nicht mehr, was nun richtig war, und was es fühlte.

So ging es voller Hoffnung wieder zum Meer und sprach: »Meer, du salziger See, du hast mir schon einmal geholfen. Ich weiss nicht mehr, ob ich lachen oder weinen soll, ob ich traurig oder glücklich bin; bitte hilf mir nochmal!« Das Meer flüsterte: »Komm näher und schau dich um!« Da entdeckte das Mädchen zu seinen Füssen eine graue, unscheinbare Muschel. Diese war leicht geöffnet und daraus schimmerte es geheimnisvoll. Das Mädchen trat näher und fragte: »Wer bist du, was machst du da? Du kannst mir wohl nicht helfen.« Die Muschel öffnete sich etwas mehr und sprach: »Ich bin deine Muschel. Vor langer Zeit wurde ich durch ein unscheinbares Sandkorn verletzt. Meine Tränen des Schmerzes über diese Verletzung meiner Zartheit sind mein Geschenk für dich.« Und sie öffnete sich ganz und zum Vorschein kam eine grosse, wunderschöne, zartschimmernde Perle.

Tief entzückt, staunend und voll Freude hob das Mädchen diese Perle, ihr Geschenk, auf, und nahm es zu sich. Tiefe Freude und Glücksgefühl durchströmten sein Herz und erfüllten seinen ganzen Körper bis zu den Zehenspitzen. Das Mädchen bedankte sich beim Meer und bei der Muschel und machte sich auf seinen Weg.

Wenn es von nun an wieder vorkam, dass es weinen musste, so flossen aus seinen Augen lauter Perlen, die es voller Freude verschenkte, bis alle Menschen im ganzen Land reich und glücklich waren, und niemand mehr Mangel leiden musste.

» Es ist für mich so wohltuend in dieser ursprünglichen Natur zu sein. Durch das Erkennenlernen der Energien in meinem Umfeld und das Bewusstwerden und Sichlösen alter Zellerinnerungen entsteht in mir mehr Raum. In Resonanz klingend mit dem Herzen der Erde. Und das Bewusstsein 'Ich darf meine Liebe leben – ich liebe mein Leben' «.

Meret Schweizer
35, Damenschneiderin, Tänzerin und Psychoenergie-Therapeutin in Ausbildung

Ich darf mein Leben leben
(nach der Erfahrung der lebendigen Hängematte)

Ich darf mich bestimmen
die Stimme darf klingen

im Einklang mit mir.

Im Einklang mit mir

darf mein Körper erklingen
in spielendem Tanz.

Genährt durch Liebe die aus mir fliesst
ewig geschaukelt im Licht goldner Liebe.

An den Stein im Garten

Du
gespeicherte Sonne
ruhende Form
geöffnet dem Himmel
liebkost vom Wind.
Bist Heimat den kleinen Spinnen,
den smaragdgrünen Echsen
Du
mein Stein
bist mir tragende atmende Erde.

Die Liebe webt Der Wille wirkt

Die Liebe webt
der Wille wirkt
mir Sternenkind ein Kleid.

Gewiegt in der Schaukel
meiner Bestimmung
leb ich mein Leben
in meinem Raum.

Verbunden durch Liebe
bin ich getragen in neuem Raum.

» Die tiefe Freude, die mich nährt, erkennen und wertschätzen. In der Liebe und Akzeptanz in mir und für die anderen meinen LiebeWillen vertiefen. Meinen eigenen Lebensrhythmus achten und liebevoll den Mitmenschen begegnen. «

Nicolette Huhn
Haarmonia, Haare schneiden im Einklang mit dem Natürlichen

Der Kelch

Ureinwilligung

erblüht aus rosarotem Rosenherz
des ewig unerschöpflichen tiefen Ozeans.

In Verbindung handelnd.

Aus der Fülle schöpfend.

Jawohl

Die Schönheit
Der Weltenseele
Ewig unerschöpflich
Weise klar
Raum gebend immerdar
Voll reinigend
Hingebungsvoll
Spielerisch
Einfach
Mütterlich behutsam
Befreiend
Form gebend
Wach selbstleuchtend
Dunkelblau goldgelb
Unsagbar reich und schön

Und das ist ganz für Dich und Mich
In Allerliebe genau jetzt bereit

Jawohl.

Individuell

Warm plätschernd sprechend helle Stimmen.

Die Aussenwelt scheint in Einklang.

Verbindlichkeit in der Reinheit.

Vom Innersten, das was mich umgibt.

Mit Liebe berühren, ja das will ich.

Einwilligen in den nächsten Schritt, Kinderschritte.

Kleine Füsse tragen mich in die ewige Heimat.

In unsere aller empfänglichste Heimat.

Individuell.

» Die Feuerkraft und wilde Schönheit der Insel und ihre gastfreundlichen Menschen haben mich begeistert. Eingebettet in diese natürliche Kraft erlebten wir eine vertrauensvolle und wertschätzende Gemeinschaft. Wortklänge als Ausdruck des Herzens sind eine Qualität, die wir alle in uns tragen. Diese vielfältige schöpferische Resonanz begleitet mich weiterhin liebevoll in den Alltag. «

Silvia Villars
47, 1 Sohn, Finanzberaterin und KlangPoetin

BLÜTENMEER
WASSERMÄRCHEN
ERDENTON
MENSCHENWÜRDE
SONNENRAUM
STRAHLENBOGEN
STEINESWURZEL
TIERESKLANG
WINDESWÄRME
LEBENSLUST
FARBENLEUCHTEN
SINNESSTILLE

Der Klang der Schönheit der Worte
ist der Ausdruck unseres Selbst

Durch die Akzeptanz und Würdigung unseres Potenzials
erklingen Melodien und Wortklänge,
die im Einklang mit der Weltenmelodie schwingen.

Diese Worte werden durch unsere Zellen geboren,
weise, freudig, zeitenunabhängig und absichtslos.
Liebevoll getragen und in die Klangschale des Kosmos geschickt.
Ein Kreislauf nährend, ewig, schöpferisch und wunderbar.

Unsere Nierenschalen bilden den Resonanzkörper,
sie sind unsere Heimat und bilden mit Freuden Worte.

Diese werden getragen in den lebensbejahenden, pulsierenden,
schwingenden Raum des Herzens, der die stillen Worte zu einem
Gesang der Lebensfreude hört, erhört,
zusammen mit dem Ohr, der nach innen gewendeten Muschel,
die schon im Mutterbauch das Schwingen hört,

leise, laut, weich, bunt, kräftig, melodiös, farbig,
die Wortgestalt, Schönheit der Worte.

Liebes Klang Gedicht

Habt ihr den Mond gesehen

Inmitten des Tages verschmitzt
zwischen den Blättern
des Baumes baumelnd
zeigt sich sein Licht und strahlt
mich an und schenkt mir
sein Lächeln
das mein Herz beschwingt
und so singt mir mein Klang
ein Wiegenliebeslied

»liebe leib leben
lavender lavander lavum«

Geliebter
Schwester
Eidechse
Honigvogel

Seid alle gegrüsst und umarmt von
meinem Körper, meiner Seele, meinem Klang.

» In mir und in jedem Menschen lebt das grosse, wunderschöne Potenzial. Ich kann seine Kraft und Wirkung geschehen lassen – seine Schönheit kann strahlen, wie der wunderschöne Baum über mir im strahlend blauen Himmel. «

Ursula Grischott

49, 4 Kinder, 2 Enkel, Cranio-Sacral Körpertherapeutin und Psychoenergie-Therapeutin

Ich vertraue der Liebe

dem SEIN

und fühle mich da zuhause

wo ich kann SEIN

Ein Gedicht an die strahlende URSULA, mein Selbst

Du wunderschöne
strahlende Frau
URSULA
die immer dasteht
dableibt
und strahlt
im SEIN

Durch all die tausenden
von Jahren im SEIN
im königlichen STRAHLENSCHEIN
bist du wunderschön

Kein Druck
kein zerstörerisches Gehabe
mag dir was anhaben
Du bist einfach da

Strahlst
im SEIN
in der Fülle

Nur sehe und spüre ich dich
nicht so oft
jetzt schon viel eher

Dir möchte ich
immer mehr
DEINEN
PLATZ
einräumen

Und das, was überlagert
über all die Jahre

Mit Liebe und Anerkennung würdigen
so, dass du wunderschöne strahlende URSULA
Dein volles Potenzial
SEIN darfst.

» Schon seit frühester Jugend bin ich auf der Suche nach dem Lebenssinn. Meine innere Quelle tiefer Ruhe und Gewissheit, dass es so, wie es im Moment ist, richtig ist – sie hat sich mir aufgetan. Ich bin getragen in Liebe – ich vertraue und lasse geschehen. «

Veronica Tebben
54, Physiotherapeutin in der Pädiatrie

Auf der Insel

Auf der Insel weit ab vom Alltag
Ist es so leicht
Das kindlich staunende
Wieder in vollen Zügen zu erleben
Frei vom alltäglichen Ballast zu sein
Die Blumen haben wieder strahlende Farben
Das Meer ist so unfassbar blau
Der Himmel bietet seine unendliche Weite
Die mir unbekannten Menschen so unkompliziert und witzvoll
Auch wenn ich eine Seelenschau in nicht geahnte Tiefen erhalte
Berührt es mich
Doch nimmt es mich nicht körperlich und seelisch gefangen

Wie gelingt mir nun der Schritt in die »Welt« zurück
Die mich mit all den so bekannten Bildern, Vorstellungen,
Gedankenmustern und Erkenntnissen erwartet
Die Erfahrung auf der Insel gab mir den Boden
Zum festen und flexiblen Stand
Die Erfahrung von getragen in Liebe mit goldenem Faden
zum Himmel und tiefer Erdung möchte weiter wirken

Wie weit trägt diese Erkenntnis mich
Bis zum Flughafen
Einen Alltag lang
Oder ist sie noch eine Woche danach zu spüren

Wenn ich bereit bin
und meiner inneren Stimme Beachtung schenke
Dass die Achtsamkeit sich ausbreiten kann
Kann das erlebte Fest weiter gehen
Die Liebe kann fliessen aus der ungeahnten Fülle
Durch meine volle Zustimmung!

Das Meer heute

Ein tief blaues Azur
Heute vereinzelt Schaumkronen
Tanzenden Delfinen gleich
Künden von einer unruhigen See
Dann brechen die Wellen mit großem Getöse

Stehe am Strand
Von Wind und Gischt empfangen
In mir eine unendliche Ruhe
Das getragen sein von den Elementen
Verbindet mich mit dem Sein
Lässt alles Kleinliche in mir
In Liebe erklingen

Die Freiheit
Ich muss nichts sein
Ich kann sein!
Gefühl ich kann sein
Bedeutet alles ist
Dieses Gefühl ist neu »komisch«
Aber doch altbekannt
Es geschehen lassen
Mich dem Fluss hingeben
Das ist die Freiheit in Liebe getragen zu sein

Vollkommenheit

Voll – kommen – heit

Ich muss nicht ins Meer
Das Meer ruft – zerrt mich nicht mehr
Tauche ein!

Ich kann es lassen
Nicht einzutauchen

All die wunderschönen Steine
Aufsammeln
Andere Orte geben

Ich kann sie lassen

Indem ich sie anschaue
Erfüllen sie mich mit ihrer Vollkommenheit

Ich akzeptiere das Ganze

Die Vollkommenheit

» Das Bewusstwerden der Erde, des Himmels und des umgebenden Meeres als Schwingung und meiner eigenen Schwingung in der Schwingung der Gruppe. – Durch Transformation von Erfahrung habe ich Neues gefunden. «

Veronika Martin Mantel
58, Architektin ISC

Wind und Weite

Winde

verknüpfen

Begegnungen

und füllen

die Weite

mit Trunkenheit.

» Ich wurde getragen von der Kraft der Natur, der Fröhlichkeit. Für mich war die Zeit einfach reif, meine Aufmerksamkeit nach innen zu richten, es brauchte Mut, ich habe es gewagt und nie bereut. Ich habe erfahren, wie leicht, einfach und beglückend die Begegnung mit der eigenen Seele ist – und dabei auch meine Freude Geschichten zu schreiben wiedergefunden. «

Walter Boesch
58, 2 Kinder, Drogist

Der Millionär auf dem Schemel

Ein Millionär liess sich von seinen Leibwächtern vor die Tore der Stadt fahren. In der letzten Wegbiegung vor der Stadt hiess er die Kutsche anhalten, zog sich einfache Kleidung über – er wollte heute nicht erkannt werden. Er gab sich alle Mühe, die für ihn typische, überlegen-herablassende und etwas pompöse Art zu verbergen und ging zu Fuss durch das Tor in die Stadt.

Dort sah er die Kaufleute, die, wie er, danach trachteten, am Abend mehr Geld in ihren Taschen zu haben, als am Morgen. Er sah auch die Gemüse- und Fruchthändler, die ihre Ware feilboten. Er hielt inne, als er wahrnahm, wie es einigen von ihnen gelang, ihre Marktstände in Kunstwerke zu verwandeln, indem sie die Farben und Formen ihrer Gemüse und Früchte zu einem Gemälde verschmolzen, und, obwohl sie kaum zu Reichtum kommen würden, Glück ausstrahlten.

Etwas in ihm hatte sich unmerklich verändert.

Er fühlte auf einmal eine wohlige Wärme zwischen seinen Schulterblättern. Er drehte sich um, um zu sehen, woher diese Wärme kam. Da sah er den Bescheidenen, der auf seinem einfachen Holzschemel sass. Als er ihm in die Augen blickte, wusste er, woher die Wärme kam.

Er bemerkte, dass der Bescheidene auf einem Tuch vor sich wunderbare Kleinigkeiten, ja Winzigkeiten ausgebreitet hatte, hergestellt aus dem Unbeachteten, dem scheinbar Nutz-, Bedeutungs- und Wertlosen. Einige Objekte dieser Ausstellung waren unverändert geblieben und nur durch das Präsentieren auf dem Tuch wurde der Millionär ihrer Schönheit gewahr. Anderes wurde durch minimste Veränderung zum erlesenen Kunstwerk. Der Millionär war ergriffen ob dieser Schönheit, die er erst jetzt entdeckte.

Als er aber sah, dass der Bescheidene seine Werke an achtsame Vorübergehende verschenkte, fragte er ihn: »Wie kommt es, dass du, der du nichts zu besitzen scheinst, eine so ansteckende Art von Glück und Zufriedenheit ausstrahlst?«

Der Bescheidene antwortete: »Setz dich auf meinen Schemel – du wirst erfahren, dass dein Herz dir sagt, wer was empfangen soll – und verteile meine Ware. Die Welt ist voll von diesen Kunstwerken; der Vorrat ist unerschöpflich, man braucht sie nur zu sehen! Einige Leute werden dir dafür eine Frucht schenken, die dir besonders köstlich schmecken wird!«

So war es!

Nach diesem Erlebnis verbeugte sich der Millionär zutiefst gerührt vor dem Bescheidenen, denn er spürte, dass er auf seinem Schemel die Kraft des Sehens und die Freude des Schenkens erlebt hatte. Dadurch hatte sein Leben eine feine Wendung genommen.

Er führte sein Leben auf dem Hügel weiter, stieg aber fortan immer öfter selbst in die Stadt, zahlte den Künstlern unter den Fruchthändlern mehr, als diese verlangten, schenkte die schönste Frucht dem Bescheidenen und fand auf seinem Heimweg immer öfter wunderschöne Kleinigkeiten!

Es war einmal... c’era una volta

Ein Märchen in 18 Strophen

Am Tisch nach dem Essen – der Impuls aus dem Moment. Ein Wort ergibt das andere... Flaschenpost... als Kinder haben wir immer wieder Geschichten gewoben, jeder fügte einen Satz, eine Idee, an das Vorangegangene, von dem nur die letzten Worte zu sehen sind. Und so erfügt sich ein wunderbarer Märchenbogen von selbst.

Es war einmal... c'era una volta...

farfalla, der goldgelbe Schmetterling
mit seinem tomatenroten Punkt auf seinem rechten Flügel...

kullerte eine rosarote Perle in das wogende Meer
und weiter bis zu dem trällernden Fischer...

und klingenden Steinen.
Über das Meer strich ein sanfter Wind
und zauberte Schaumkrönchen auf die Wellen.

Und oh - Staunen - Delfine, die singen und tanzen
voll und ganz in ihrem Element.

O Element, O Element, ich ruf' Dir zu und bin in sel'ger Ruh.

Da hör' ich Muh...

und im Nuh...

geh' ich zur Ruh und mache meine Augen zu.

Und lege mich zur Ruh...

geschüttelt von einem blubbernden Lachen...
getraue ich mich ganz zu sein.

Ich geniesse die Tafelrunde und freue mich an Adelaides Küche.

Und ich bin Kunigunde, und ich will ins Bett.

Dort wartet der König im Nachtgewand...

und die Loreley nahm ihn ganz in ihren Bann.

Da tauchten sie beide in die Tiefen...

und ihr Haar spinnt eine goldene Hängematte
und lässt es offen vom Liebsten an der Hand.

Sole . Mare . Vita . Gente . Amore . Cucina di Sicilia .

incontrare

YAMAHA

»Innehalten dann und wann
ist das Kostbarste, was wir uns
selbst schenken können!«

Ernst Kerstl

Von der Achtsamkeit, vom Bewusstsein und von der »Langen Weile«

Beatrice Wäger Hayoz

Seit der Anfrage, meine Gedanken und Erfahrungen zu diesem Thema dem Buch zu schenken, gehe ich damit schwanger, trage ich dieses Thema in mir, er-innere ich mich an besondere Momente, eine wunderbare Erfahrung.

Dabei steht für mich das Thema der Achtsamkeit im Vordergrund. Es begleitet mich auf Schritt und Tritt – holt mich immer wieder zu mir – zu dem was ich in mir trage.

Während den Sinnferien auf Filicudi und auch der Arbeit mit Angelika Reutter in den Einzelstunden, der Supervision und der Weiterbildung, werde ich immer wieder eingeladen, meinen Fokus nach innen zu wenden, d.h. die innere Aufmerksamkeit zuerst auf meinen Atem und dann auf meine Energiezentren (das Herz, das Selbst, das LebenGebende...) zu lenken.

In der geführten Übung im Inselraum Filicudi ist das wunderbar und einfach. Und in meinem Alltag? – Es wird mir immer wieder bewusst, wie meine Gedanken rasen und drehen, mal im Gestern, mal im Morgen sind – überall, nur nicht im Moment, der mir gehört. Ich will mir dessen vermehrt bewusst werden.

Doch zuerst zum Begriff *achtsam.*

Das Wort *8-Sam* ist als solches schon einmalig. Die *8* als unendliches Zeichen, welches mir sehr vertraut ist. So fahre ich über eine schmerzende oder verletzte Körperstelle die liegende Acht, auch tibetanische Acht genannt. Ich wende mich liebevoll dieser Stelle zu, ich bin ganz bei dieser Stelle und auch bei mir. Durch diese

Achtsamkeit, d.h. Zuwendung und Bewegung kommt Energie in diese Stelle, was die Heilung fördert und das Fliessen der Selbstheilungskräfte unterstützt.

Der zweite Teil *sam* oder Same hat für mich zwei Bedeutungen:

Der Same fällt aus der Frucht in die Erde, und es wächst eine neue Pflanze, neues Leben. Samen werden auch die Urvölker, die Ureinwohner im Norden der vier Länder Finnland, Norwegen, Schweden und Russland genannt, welche in gutem Einvernehmen tief verbunden sind mit der zum Teil rauhen Natur des hohen Nordens. Auch da steckt soviel Ursprüngliches und Tiefes drin wie ich es eben wahrnehme, wenn ich mich achtsam nach innen wende, mich meinem innersten Kern und Wesen, meinem Selbst, zuwende.

Und zu meinen Erfahrungen mit der Achtsamkeit.

Im Inselraum Filicudi: Der Morgen wird jeweils eröffnet mit T'ai Chi, angeleitet von Maria Gleede. Die sanften, sehr kraftvollen Bewegungen fordern meine ganze Achtsamkeit. Nach dem anfänglichen Widerstand – aus Angst, mit meinem Körper zu sehr in Berührung zu kommen – erlebe ich die Wohltat dieser frühmorgendlichen Übung in der aufgehenden Sonne. Das Lernen der sanften Bewegung im Aussen erfüllt das Innere und kommt dann von innen wieder in die Bewegung nach aussen. Die Aufmerksamkeit ist im ganzen Körper präsent. Durch diesen wunderbaren Einstieg in den Tag sind meine Sinne hellwach und meine Räume sind offen für die psychoenergetische Arbeit in der Gruppe und das Wahrnehmen der Schönheit der Um- und Mitwelt der Insel.

Zu Hause in meinem Alltag: Ja, da gibt es so viel Ablenkung, so vieles was mein Innen nach aussen zieht, meinem Innen Gelegenheit gibt, im Aussen anzudocken und mich zu verheddern. Dies wahrnehmen, annehmen und mich dann immer wieder liebevoll meinem Atem zuwenden, ist eine wunderbare Erfahrung; nämlich bei mir sein, in meinem Raum sein, mein Raum sein.

Zwei Beispiele:

Ich fahre im Auto auf der Seestrasse, knapp an Zeit, und, wie könnte es anders sein, viele der Ampeln sind auf Rot gestellt. Ich habe die Wahl, mich am Rotlicht zu ärgern oder mich an meinen Atem zu erinnern. Der Gedanke an die fortgeschrittene Zeit fällt weg, ich bin ganz bei mir. Ein geschenkter, kostbarer Moment. Und die Freude ist doppelt. Erstens, weil ich die Situation erkannt habe und zweitens, weil ich, wie in einer zeitlosen Zeit, ganz ruhig weiterfahren kann.

Kürzlich wurde mir beim Frühstück bewusst, wie ich so oft gebückt, in mich eingesunken, am Tisch sitze. Ich richtete mich innerlich und äusserlich auf. Ich spürte, wie ich dadurch ganz präsent war, ganz da war, in meinem Raum. Dieses innere Aufgerichtetsein, diese Achtsamkeit strahlt auch nach aussen aus – ich bin ganz bei mir und auch bei meinem Gegenüber. Eine echte Begegnung wird möglich.

Von der »Langen Weile«

In unserer Umgangssprache ist Langeweile eher negativ geprägt, im Sinne von, ich weiss nicht, was ich mit mir und der mir zur Verfügung stehenden Zeit anfangen soll.

Für mich hat dieses Wort einen positiven Sinn und bedeutet eben, ich schenke mir eine lange Weile, ich schenke mir Zeit für mich oder andere.

Dazu bin ich kürzlich bei Freunden im Kanton Appenzell einem entsprechenden Artikel begegnet mit dem Titel »de Wiil ha«. »De Wiil ha, de Wiil mache« für einen Schwatz am Gartenhag oder bei einer Begegnung im Dorf, für einen abendlichen Besuch beim Nachbarn oder beim Zusammensein mit der Familie oder Freunden ohne die Störung eines Natels. Ich war beglückt über dieses Zusammentreffen, denn nebst der Beschäftigung mit diesen Themen für das Buchprojekt ist doch gerade dieses Thema seit meiner Pensionierung im März 2007 für mich aktuell und ein Vorteil des Älterwerdens.

Bewusst und achtsam mir Zeit schenken, auch zum Nachdenken; mit meinem Konsumverhalten bewusst und achtsam umgehen und de Wiil ha, »Lange Weile« haben für meinen lieben Mann, für meine kranke Tante, meine Nachbarn und Freunde und für mich selbst, für mein Selbst. Dadurch werden meine Zeit und mein Leben immer reicher und kostbarer.

Wenn ich achtsam bin, ganz bei meinem Atem und bei mir, fallen Interpretationen und Fragen weg. Die Antwort kommt aus meinem Herzen. Ein Vorgehen, das mit Angelika Reutter immer wieder geübt wird und mir auch neue Dimensionen eröffnet hat.

Daraus erwächst eine tiefe Freude und Dankbarkeit für die Verbundenheit mit meinem Selbst, dem »Göttlichen Selbst« in mir.

Reisetagebuch II

Glückliche Momente...

Goethe fragt: »Welch reicher Himmel! Stern bei Stern! Wer kennet ihre Namen?«

Und meint: »Klein das Grosse, gross das Kleine, alles nach der eignen Art. (…) So gestaltend, umgestaltend – zum Erstaunen bin ich da.«

Ihre Notizen

»Manchmal suchen wir so lange den Schlüssel zum Glück, bis wir entdecken, dass er steckt.«

Und die Frage an einen Unbekannten nach seinem grössten Glück: »Das kann ich nicht sagen, ich bin erst fünfundneunzig...«

Ihre Notizen

Ferienglück

Veronica Tebben

Ferienzeit, packen, aufbrechen, ankommen!
Die Vorfreude, so heisst es in einem Sprichwort, ist die schönste Freude. Jeder Mensch braucht Zeiten, um sich zu erholen, um sich selbst zu begegnen. Es ist eine geschenkte und doch auch verdiente Zeit. Ferien kann auch Aufbruch bedeuten. Dass ich mir meiner Gewohnheiten und Muster bewusst werde und sie für einige Zeit ablege oder ganz aus meinem Leben verabschiede. Karl Valentin drückte es so aus: »Heute will ich mich besuchen, hoffentlich bin ich daheim.«

Einen Tag vor der Abreise: der Koffer, die Tasche sind gepackt, die Wohnung ist aufgeräumt, die letzten Briefe, Telefonate sind erledigt. Der Alltag mit all seinen Gedanken, seinem Rhythmus, mit Pflichten und Abläufen, verliert an Bedeutung. Etwas »Neues«, »Unbekanntes«, darf Einzug halten und löst ein Gefühl der Freude und Neugierde aus. Glücksmomente: Das Ankommen braucht meist ein paar Tage. Die Indianer sagen, die Seele braucht etwas länger, um dort anzukommen, wo der Körper sich schon aufhält. Dieses Ankommen ist für mich ein unermessliches, tiefes und beglückendes Gefühl. Die Welt, die Menschen, all die Dinge, die mich umgeben, erhalten ein »Gesicht«, das ich tags zuvor noch nicht wahrnehmen konnte. Die Sprache, Bilder, Gerüche, Farben und Formen wirken auf mich und finden in mir eine Resonanz und einen Raum.

Wieder zurück im Alltag, unerwartet von einem Bild, Geruch, Menschen oder einem Wort an längst vergangene Ferien erinnert zu werden, sind für mich unverhoffte Glücksmomente und vertiefen noch das Ferienglück.

»Kapern zu schenken ist für die Filicudani
ein Zeichen von Liebe und Gastfreundschaft,
und auf diese Weise bleiben die Düfte
und die Farben unserer Insel
auch in der Ferne in Erinnerung.«

Adelaide Rando

Dort, wo man sich trifft: Villa la Rosa

Maria J. Gleede

Villa la Rosa – ein Ort auf Filicudi, wo man sich trifft. Ein inselgeogaphischer Gabelungs- und Kreuzungspunkt: Nach dem serpentinenreichen Anstieg, vom Hafen kommend, erreicht man ein kleines Plateau, von dem aus es dann in verschiedene Richtungen weitergeht. Man könnte den Eindruck bekommen, dass die Erde hier ein paar Mal tief Luft geholt und sich ein bisschen ausgeruht hat, um sich dann weiter in grössere Höhen zu erheben. Das ist der Ort, wo sich die Villa la Rosa befindet.

So gut wie jeder, der auf der Insel unterwegs ist hält hier an: für einen Espresso an der Bar, um frische Backwaren von Mamma Lucia zu kaufen oder auch nur, um sich mit jemandem zu treffen und die täglichen Neuigkeiten auszutauschen. Und natürlich die, die den berühmten Weg der 300 Stufen vom Meer heraufgekommen sind: die Palmenterrasse der Villa la Rosa mit dem atemberaubenden Blick auf das Meer lädt zur Rast ein.

Die zentrale Bedeutung der Villa la Rosa hat Tradition: lange war es für viele Insulaner der einzige Ort, um ein Telefonat zu führen. Dann, am Abend, traf man sich hier, um über die Belange und Probleme der kleinen Inselgemeinschaft zu reden. Und auch die Jugendlichen haben hier ihren Ort: in den Sommermonaten, besonders im August, gibt es hier am Wochenende Disco.

Als ich, sozusagen als Vorhut, in der Villa la Rosa ankomme, ist gerade der »inselspringende« Priester da – er betreut alle äolischen Inseln reihum – und es herrscht eine rege Betriebsamkeit, um die Hl. Messe vorzubereiten. Danach Filmabend: der grosse Esssaal füllt sich. Adelaide lädt auch mich ein. Ihre Art zu kommunizieren hat so etwas Selbstverständliches, Direktes und, entgegen meiner Vorstellung von Sizilianern, ohne viele Worte. Man sagt das Wesentliche! In den nächsten 24 Stunden habe ich ausreichend Gelegenheit, diesen interessanten Wesenszug der Menschen hier auf der Insel zu studieren: als es darum geht, den grossen Esssaal, gerade eben noch das Inselkino, im Handumdrehen in »unseren« Meditations- und Gruppenraum umzugestalten oder den persönlichen Wünschen und Anliegen der inzwischen angereisten Gruppenteilnehmer nachzukommen: immer begegne ich dieser Wortknappheit, es wird kein Wort zu viel über etwas gesagt und alles wird – nicht immer umgehend, aber immer zum rechten Zeitpunkt – erledigt. Als ich meiner Tochter Anna meine Verwunderung darüber ausdrücke, sieht sie mich mit ihren grossen Augen an: »Aber Mamma, das ist doch klar, es sind Sizilianer«. Als wollte sie sagen: »Sizilianer sind eben besondere Italiener.« Meine blonde Anna und ihre erklärte Liebe für Sizilien!

Der Familienbetrieb Rando ist gut organisiert, jeder hat seinen eigenen Aufgabenbereich, natürlich immer mit fliessenden Übergängen. Dank dieser fliessenden Übergänge ist es dann auch möglich, dass sich Adelaide Rando für eine halbe Stunde aus dem strengen Arbeitsrhythmus eines Saisonbetriebes herauslösen kann, um an unserer Morgenmeditation teilzunehmen. Und für mich wird ein Traum wahr: den spirituellen Boden unserer Arbeit mit d e n Menschen auch in ihrer Sprache teilen, auf deren Boden, auf deren Erde wir uns im Moment befinden. Fliessende Übergänge – und das beglückende Geschenk einer neuen Gemeinsamkeit. Zum Abschied schenke ich Adelaide mein sonnengelbes Meditationskissen.

Ich gehe zu Lucia
Sizilianische Geschichten und Rezepte

Adelaide Rando, übersetzt von Maria J. Gleede

Wenn die Ferien beginnen, tauschen viele Einwohner von Filicudi ihren Beruf zugunsten eines anderen ein – auf Zeit, versteht sich: der Bauer wird Installateur, der Maurer bietet Inselrundfahrten an und so weiter... das Gleiche machte auch mein Vater Nino, als er, seiner Intuition folgend, einmal ein paar Touristen zu uns nach Hause einlud (mein Vater arbeitete damals auf einem gänzlich anderen Gebiet auf Panarea), um ihnen kulinarische Meisterwerke zu servieren, bestehend aus: hauptsächlich Fisch, Olivenöl, Wein, Käse, Wildhase, Kapern, Tomaten und Kräutern. Er hatte Erfolg. Sofort. Und bald wusste ganz Italien davon. Infolgedessen wurde unser Haus schnell zu klein, und der Familienbetrieb, gerade erst im Werden begriffen, kaufte das, was heute »Villa La Rosa« heisst – weil es in der Rosenstrasse liegt: zu Beginn nur Gasthof, dann Restaurant, schliesslich auch kleine Pension, Enothek, Discothek, Bar, Pizzeria. Obwohl das Lokal »Villa La Rosa« heisst, sagen alle, die dort regelmässig verkehren: ich gehe zu Lucia. Lucia heisst meine Mutter und nach dem Tod meines Vaters haben die Leute den Ort auf ihren Namen umgetauft.

Meine Mutter ist jetzt 65 Jahre alt. Sie kam Ende 1959 das erste Mal nach Filicudi, um ihre kranke Schwester zu besuchen. Vom Hörensagen wusste sie zwar, dass es Trinkwasser (Regenwasser aus der Zisterne) und »pane caliato«[1] auf Filicudi gab, sie aber verliess ihren Heimatort Pallizzi Generosa in der Provinz Palermo mit einer grossen Flasche Quellwasser und frischen Brotlaiben und machte sich auf die Reise. Ihr Aufenthalt auf der Insel sollte so lange dauern wie ihre Vorräte reichten. In Milazzo bestieg sie das Schiff mit Namen »EOLO«. Die Reise nach Filicudi dauerte 6 - 8 Stunden. Aufgeregt und auch neugierig war meine Mutter an diesem Tag, an dem sie das erste Mal in ihrem Leben das Meer sah und dann irgendwann auf einer kleinen Insel aussteigen sollte, die so weit weg war und die sie nicht kannte. Im Geist versuchte sie, sich all das vorzustellen, als ihr Blick von einem eleganten, hübschen und sehr freundlichen jungen Mann angezogen wurde. Er sprach richtiges Italienisch, aber nicht nur das, er sprach auch Englisch. Es war Liebe auf den ersten Blick!

Sie heirateten nach drei Monaten und nach einem Jahr kam ich auf die Welt. Anstelle von Wasser und Brot trat die Liebe. An jenem Tag kehrte mein Vater aus Australien zurück, wo er 11 Jahre lang gelebt hatte; er kehrte nach Hause zurück zu seinen Leuten, zu seinem Meer, zu seiner Erde. Für immer. Aber die schönen Dinge dauern nicht lange; mit 44 Jahren wurde meine Mutter Witwe und musste jetzt für drei Kinder alleine sorgen: ich 20 Jahre alt, mein Bruder Stefano 18 Jahre alt und meine Schwester Daniela mit 10 Jahren.

Die Zeiten waren schwierig, der grösste Teil der Inselbewohner wanderte aus, doch meine Mutter blieb, wie ein Fels in der Brandung und liess sich von ihrem Schmerz nicht erdrücken. Sie versuchte uns tief an sich zu binden und gab uns keine Zeit, die Koffer zu packen, indem sie die Liebe für unsere Erde tief in uns hineinlegte.

Und so verbrachte ich meine Kindheit: Volksschule auf Filicudi, Mittel- und Oberschule im Internat »Heiliges Herz« in Messina. In den Ferien kehrte ich nach Hause zurück und half meinen Eltern. Der »Küchengeist« regierte im ganzen Haus und meine Liebe fürs Kochen wuchs stetig. Ich verfolgte aufmerksam die Arbeit meines Vaters, und es gefiel mir ausserordentlich, neue Rezepte auszuprobieren. Bis mir eines Tages bewusst wurde, dass dies mein Beruf sein würde.

Statt meiner ursprünglichen Neigung zur Psychologie zu folgen beschloss ich – nach Abschluss des Volkschullehrerdiploms – mich voll und ganz der Gastronomie zu widmen. Ich stand gerne in der Küche, nachmittags hatte ich genügend Zeit, neue Rezepte auszuprobieren, die ich dann abends servierte und die immer gut ankamen. Ich erwarb mir nach und nach meine Fähigkeiten, und so kam es, dass ich nach dem Tod meines Vaters 1983 in der Lage war, in der Küche allein zurechtzukommen und damit auch die Leitung des Restaurants zu übernehmen.

1989 heiratete ich Mimmo, der, ihr werdet's kaum glauben, mit Nachnamen »cucinotta« (von cucina = Küche) heisst. Es ist schon eine Seltenheit, dass sich das Schicksal so augenscheinlich erfüllt. Wir zogen in die Provinz von Como, wo 1992 Martina geboren wurde. Mimmo unterrichtete an der Schule und ich organisierte – wie kann es anders sein – Themenabende. Ich kochte sizilianische Gerichte und Mimmo kredenzte dazu Weine aus der Lombardei, eine hervorragende Kombination, wie sich herausstellte.

Ein »Intermezzo« in Paris wurde zur Quelle neuer Inspirationen; wir einigten uns schliesslich auf einen Kompromiss: 6 Monate im Norden, 6 Monate auf Filicudi – in den warmen Monaten zwischen Frühling und Herbst, die Zeit, in der die Insel sich bevölkert, die 300 Inselbewohner sich verzehnfachen und meine Kochkünste sich von Tag zu Tag bewähren und verfeinern.

Ich habe dieses Buch geschrieben, empfunden, wie ein Mosaik, ohne genaue Abfolge, meinen Erinnerungen folgend, so, wie sie in meinem Gedächtnis aufgestiegen sind.

Tagghiarini [2]

Mein Urgrossvater Pittorino Giuseppe, genannt Peppe »a medica« [3], hatte ein Segelboot, zu d e r Zeit einziges Transportmittel zu Wasser (das zu Land war der »scecco«, der Esel). Er brachte alle Inselprodukte zum »Kontinent«, womit Napoli oder Sizilien gemeint waren. Er handelte auch mit Heilkräutern – daher sein Spitzname »a medica« – und kehrte dann mit ungebräuchlichen Nahrungsmitteln zurück: unter anderem brachte er auch die Spaghetti mit, die bis dahin auf Filicudi nicht bekannt waren. Nach und nach ersetzten sie die »tagghiarini«.

TAGLIATELLE MIT KÜRBIS UND LINSEN

Für 6 Personen

400 g (frische) Eierbandnudeln, 200 g Linsen, 500 g Kürbis, 3 Esslöffel Olivenöl, 40 g Butter, 3 Esslöffel geriebener Parmesankäse, 1 Knoblauchzehe, 1 Lorbeerblatt, Petersilie, Salz, 1 Zwiebel

Die Linsen mit der Zwiebel und dem Lorbeerblatt in Salzwasser kochen. Den Kürbis schälen, säubern und in feine Scheiben schneiden. Den geschnittenen Knoblauch kurz in Olivenöl andünsten, die Kürbisscheiben dazugeben, salzen und für ca 30 Min köcheln lassen. Die Pasta kochen, abgiessen wenn sie noch sehr bissfest ist, und zum Kürbis dazugeben. Auch die gekochten und abgegossenen Linsen dazugeben, und alles bei hoher Flamme und häufigem Umrühren für 1 Min kochen lassen. Dann vom Feuer nehmen, die Butter und den Parmesan unterrühren und mit gehackter Petersilie bestreuen.

TAGLIATELLE AN MARSALASAUCE

Für 4 Personen

500 g frische Tagliatelle, 50 g Butter, 30 g Mehl, 4 dl Fleischbrühe, 2 dl Marsala, 4 Esslöffel geriebener Parmesan, Salz, Pfeffer, einige Baumnussstücke

Die Butter zergehen lassen, das Mehl dazugeben und bei kleiner Flamme 2 Min rühren. Die warme Fleischbrühe dazugeben. Salzen, pfeffern und unter häufigem Rühren 10 Min kochen lassen. Marsala und Nüsse dazugeben und noch 5 Min kochen lassen. Die Sauce unter die gekochten Nudeln rühren und mit Parmesankäse servieren.

Fisch

Grossvater Stefano war der Schuster der Insel und in seiner freien Zeit ging er zum Fischen. Wieder zuhause, breitete er den gesamten Fischfang auf seiner Terrasse aus, setzte sich auf einen Hocker und teilte die Fische in viele Häufchen auf – die waren für die Nachbarschaft bestimmt. Mein Bruder und ich verteilten den Fisch in Körben und zurück kamen wir mit anderen Körben, gefüllt mit Brot, Öl und Früchten. Es war ein spontaner und stillschweigender Warenaustausch.

Es gab damals noch keinen Strom: der gesamte Fischfang musste entweder sofort verbraucht oder durch Trocknen an der Sonne haltbar gemacht werden. Gab es Tintenfische, musste Grossmutter Adelaide sie säubern, einsalzen und wie Wäschestücke aufhängen; nach ein paar Tagen waren sie vollständig getrocknet und reichten für den ganzen Winter. Vor der Zubereitung wurden sie eine Nacht lang gewässert.

FRIKADELLEN VON FRISCHEM THUNFISCH

Für 6 Personen

1 kg frischer Thunfisch, 100 g reifer Schafkäse gerieben, 100 g Paniermehl, 2 Knoblauchzehen, 4 Eier, Nelkenpulver, Olivenöl, Petersilie

Fisch von Haut und Gräten befreien und das Fleisch mit den Fingern zerkleinern, den Schafkäse, das Paniermehl, gehackte Petersilie und Knoblauch (durchgedrückt), die geschlagenen Eier, 1 Prise Nelkenpulver, Pfeffer und Salz dazugeben. Alles gut durchkneten, bis ein homogener Teig entsteht. Mit nassen Händen kleine ovale Knödel formen – ungefähr so gross wie ein Ei – auf einen Teller legen und zugedeckt eine halbe Stunde im Kühlschrank ruhen lassen. Danach im Paniermehl wenden und in heissem Öl ausbacken. Auf Küchenpapier abtrocknen lassen und mit Zitronenstücken servieren.

Die rosa Schleife

Meine Schwester Daniela kam auf die Welt, als ich 12 Jahre alt war. Meine Mutter lag im Wochenbett und mein Vater musste zur Arbeit. So sagte er eines Morgens zu mir: »Geh in den Hühnerhof, nimm ein Huhn, bereite kochendes Wasser und rupf' es, wenn ich zurückkomme, werde ich es kochen.« Ich stelle das Wasser auf, gehe in den Hühnerhof, fange das schönste Huhn und bringe es ins Haus, wo schon das heisse Wasser für das Bad wartet.

Als mein Vater am Abend nach Hause kommt, begegnet er einem nackten gerupften Huhn beim Spaziergang auf der Terrasse, und mir voller Brandblasen.

Diese Episode erinnert mich an einige Hühnergerichte, die bei uns in der Familie ausserordentlich gern gegessen wurden.

HÜHNCHEN AUF FILICUDISCHE ART

1 ganzes Huhn, 2 Zitronen, Olivenöl, Lorbeer, Salz, Pfeffer, 1 Glas Malvasia Wein

Das Huhn säubern und in Stücke teilen, waschen und trockentupfen. In eine schon warme Pfanne geben und für einige Minuten lassen, damit das Fett sich lösen kann. Dann den Zitronensaft, das Olivenöl und die Lorbeerblätter dazugeben. Etwa 10 Min anbraten lassen. Erst jetzt salzen und pfeffern und den Malvasia dazugeben. Zugedeckt bei mässiger Hitze garen lassen und heiss servieren.

Brot

Brot wurde zuhause mit natürlicher Hefe und Mehl aus eigener Herstellung gebacken. Der Holzbackofen wurde mit Olivenästen, Lentisco [4] und »weissem Gras« geheizt: der Geruch lag bis zum Sonnenuntergang in der Luft. Die Hefe wanderte von Familie zu Familie und die Frauen halfen sich gegenseitig beim Brotkneten. So ging es reihum; eine Familie ass frisches Brot, die anderen halfen sich in der Zwischenzeit mit dem »pane caliato« [1]. »Pane caliato« – auch »frise caliate« genannt – war für die Insulaner d a s Lebensmittel schlechthin wenn sie auf Fischfang gingen. Mit Weizenmehl und entsprechend doppelter Menge Malzmehl (der Malz ist das am meisten angebaute Korn auf Filicudi, weil die Pflanzen sich an jedes Klima anpassen können und sehr wenig Wasser brauchen) wurde ein Teig gemacht, geknetet und in Ciambella [5]-Form gebracht.

Dann liess man sie 3 - 4 Tage im Ofen trocknen und bewahrte sie in einem groben Leinensack auf. Ich erinnere mich gut daran, wie mein Grossvater Stefano immer, wenn er fischen ging, eine ganze Kette mit »frise« machte und sie dann an einem geschützten Ort im Boot aufhängte. Zum Essen wurden die »frise« in Wasser eingeweicht, dazu gab es Kapern, Sardinen, Origano und etwas Öl, eben all das, was man gut transportieren und gut aufbewahren konnte.

Eintopf

Gegen 12 Uhr ass man gewöhnlich einen Eintopf, wie z.B. eine Suppe aus getrockneten Hülsenfrüchten, denn, wie Grossmutter sagte, sie enthielten die »Substanzen«. Auch am Abend gab es oft Eintopf, dann aber mit ein bisschen mehr »Substanz«, z.B. mit Eiern. Gekocht wurde immer auf dem »cufularu«, dem holzgeschürten Kochherd; er war meistens eingemauert und manchmal mit bunten Kacheln verziert.

KARTOFFELGULASCH MIT EIERN

Für ca. 4 Personen
600 g Kartoffeln, 1 Zwiebel, 400 g Tomaten (zerkleinert), 2 Lorbeerblätter, 2 Knoblauchzehen, 2 Esslöffel Olivenöl, 6 - 8 Eier, Salz, Pfeffer

Die fein geschnittene Zwiebel in Olivenöl andünsten. Die ganzen Knoblauchzehen und die Lorbeerblätter dazugeben (werden später wieder entfernt). Dann die Tomaten dazugeben, salzen, pfeffern und für ein paar Minuten schwach kochen lassen. Dann die Kartoffeln, in Stücke geschnitten, zusammen mit einer Tasse Wasser hinzufügen. Wenn die Kartoffeln gar sind,

Knoblauch und Lorbeer entfernen. Die Eier über die Kartoffelmasse geben, fest werden lassen, noch etwas Olivenöl drübergeben und heiss servieren.

Sonntagsessen

Die Sonntagsmesse war immer ein besonderes Ereignis. Nach der Messe blieben alle Männer auf der »piazza» und sprachen über die Probleme der Insel, alles unter der weisen Führung des Komitees, das aus den Alten bestand. Die Frauen dagegen, die schon seit früh um fünf auf den Beinen waren, legten letzte Hand an das Sonntagsessen an.

TAGGHIARINI (EIERBANDNUDELN HAUSGEMACHT) MIT FLEISCHSAUCE

Für ca. 4 Personen

400 g Tagliatelle, 100 g Schweinefleisch, 100 g Kalbfleisch, 200 g Tomatenmark, 200 g frischer Ricotta, 1 Glas Rotwein, 1 Zwiebel, Salz, Olivenöl, Pfeffer, 1 Liter Fleischbrühe, Parmesankäse

Das Fleisch in kleine Stücke schneiden und anbraten. Aus der Pfanne nehmen und in dem zurückgebliebenen Öl die fein geschnittene Zwiebel anbraten, das Tomatenmark dazugeben, den Rotwein ebenso. Jetzt das Fleisch wieder dazugeben, mit der Fleischbrühe aufgiessen und alles eine Stunde köcheln lassen. Dann die Tagliatelle kochen, abgiessen und in einer Terrine mit dem Ricotta vermischen – den Ricotta vorher mit etwas Nudelwasser cremig rühren. Die Fleischsauce dazugeben und mit geriebenem Parmesan bestreuen.

Hochzeit

Hochzeiten waren kollektive Ereignisse: die Inselbewohner bauten gemeinsam das Haus der zukünftigen Eheleute (damals gab es noch keine Baugenehmigungen, aber der Respekt der Landschaft gegenüber war etwas ganz Natürliches), als Geschenk zum Fest brachten sie dann Speisen und Getränke. Sofort nach der kirchlichen Trauung begann das Fest und alle ohne Ausnahme nahmen daran teil: jemand spielte Schifferklavier, ein anderer Gitarre oder die Ocarina, andere tanzten und sangen und manch einer trank auch ein bisschen zuviel.

HÜHNERSUPPE MIT »BADDOTTOLI« [6]

Für ca. 4 Personen

1 kleines Huhn, 2 Zwiebeln, ein halber Stengensellerie, 150 g Hackfleisch, 100 g Paniermehl, 1 Ei, 1 Bund Petersilie, 50 g geriebener Parmesan, 50 g Schafkäse, Salz, Pfeffer, 1 Knoblauchzehe

Das Huhn säubern, vierteln und in 2 Liter Wasser zusammen mit den 2 Zwiebeln und dem Sellerie kochen. Danach das Huhn entbeinen, die eine Hälfte Fleisch beiseite legen. Die andere Hälfte fein schneiden, ebenso die Zwiebeln und den Sellerie. Das Hackfleisch, Paniermehl, den geriebenen Käse, die Knoblauchzehe (zerdrückt), die Petersilie kleingezupft, das Ei und das Salz dazugeben und alles zu einer homogenen Teigmasse verarbeiten. Dann kleine Bällchen formen, in der Hühnerbrühe kochen (ca. 10 Min) und zusammen mit den Hühnerfleischstückchen als Suppe servieren.

BOHNENSALAT VON »BOHNEN MIT DEN SCHWARZEN AUGEN«

300 g getrocknete Bohnen, 2 Zwiebeln, 500 g Cherrytomaten, Salz, Pfeffer, Basilikum, kaltgepresstes Olivenöl

Die Bohnen über Nacht einweichen. Abtropfen lassen, in kaltem Salzwasser aufsetzen und zum Kochen bringen, ca. 1 Stunde auf niedrigster Flamme kochen lassen. Die Cherrytomaten vierteln, die feingeschnittene Zwiebel, den Basilikum und das Öl dazugeben. Zum Schluss die abgetropften Bohnen dazugeben. Als Vorspeise oder Beilage servieren.

Ostern

An Ostern kochte mein Vater immer für all die alten Leute auf der Insel, deren Angehörige ausgewandert waren und die deswegen alleine waren. Wie immer fiel die Aufgabe des Essenaustragens auf meinen Bruder Stefano und mich.

LAMMBRATEN MIT KARTOFFELN

Für 6 Personen
2 Kilo Lammfleisch, 1 Bund Kräuter (Salbei, Rosmarin, Petersilie), ½ Kilo Kartoffeln, 100 g geriebener Schafkäse, 200 g Paniermehl, 2 Zitronen, Salz, Pfeffer, Öl, Origano

Das Lammfleisch in Stücke schneiden und mit den Kräutern in Salzwasser kochen. Nach einer halben Stunde herausnehmen und abtupfen. Aus dem Öl, Salz, Pfeffer, Origano und Zitronensaft eine Marinade herstellen und darin das Fleisch wenden. Dann im Käse wenden, zuletzt im Paniermehl. Die Fleischstücke zusammen mit den geschälten und geschnittenen Kartoffeln in eine feuerfeste Form geben. Im Ofen bei mittlerer Hitze 40 Min garen. Heiss servieren.

»SÜSSES ZEUG«

1 Tasse Mehl, 1 Tasse Wasser, 1 Prise Salz, etwas Olivenöl, etwas Zucker, Öl zum Frittieren, Zimt, Zucker, zerriebener Rosmarin

Das Wasser zusammen mit der Prise Salz, dem Zucker und dem Olivenöl zum Kochen bringen. Vom Feuer nehmen und das Mehl auf einmal hineingeben. Wieder aufs Feuer stellen (kleinste Flamme) und wieder zum Kochen bringen, dabei ständig umrühren. Sobald die Masse beginnt sich vom Rand zu lösen, den Teig auf die Arbeitsfläche bringen und energisch durchkneten. Dann kleine Stäbchen (Grissini-Form) und Achter formen. In ausreichend Frittieröl ausbacken und die Stücke mit Zucker, Zimt und Rosmarin bestreuen.

Weihnachten

In Valdichiesa, wo sich unsere Kirche befindet, wurde jedes Jahr eine Krippe aufgestellt. Die Mitternachtsmesse war und ist noch heute für uns etwas ganz Besonderes: im Dunkeln stiegen wir die Strasse hinauf und bei jedem Haus kamen neue Menschen dazu. Es war eine Lampionprozession und die Kirchenglocken gaben dazu ihr volles Geläut. Jedes Jahr waren wir gespannt, von welchem Ort in der Kirche das Jesuskind in die Grotte hinabsteigen würde. Das Jesuskind war nämlich mit einem unsichtbaren Nylonfaden an einem Balken befestigt und von dort wurde es pünktlich zur Mitternacht mit Hilfe einer Seilwinde herabgelassen. Es war eine sehr eindrucksvolle Messe. Nach der Kirche begleiteten wir alle wieder nach Hause und bei jedem wurde Halt gemacht und etwas gegessen.

CERNIA[7] AUS DEM OFEN MIT KARTOFFELN

1 Cernia ca. ½ Kilo, ½ - 1 Kilo Kartoffeln (je nach Grösse des Fisches), 1 Zwiebel, 2 Knoblauchzehen, 2 Lorbeerblätter, Origano, Petersilie, Kapern, Oliven, Salz, Pfeffer, Olivenöl, Cherrytomaten

Den Fisch säubern und waschen, kleine Einschnitte auf dem Rücken machen, um die Garzeit zu verkürzen. In eine feuerfeste Form legen und mit den Kapern, dem Origano, der feingeschnittenen Zwiebel, Petersilie, Knoblauch, Lorbeer, den Oliven und den halbierten Tomaten belegen. Die in kleine Stücke geschnittenen Kartoffeln dazugeben, mit dem Olivenöl beträufeln und 40 Min im Ofen bei 200° braten. Heiss servieren.

»SPICCHITEDDA«

400 g Mehl, 1 Teelöffel Bicarbonat, 60 g Schmalz, die abgeriebene Schale einer Mandarine, einer Orange und einer Zitrone, ½ Teelöffel Nelkenpulver, 2 Teelöffel Zimtpulver, 1 Päckchen Backpulver, 100 g geröstete Mandeln, ½ Liter aufgekochter Wein

Alle Zutaten ausser dem Wein in eine Schüssel geben. Mit den Händen kneten und nach und nach den Wein dazugeben, bis ein weicher Teig entstanden ist. Dann jeweils ein Teigstückchen auf dem Holzbrett zu einer 15 cm langen (2 cm dicken) Rolle formen und dann je nach Fantasie zusammenrollen/-legen. Auf jedes Teigstück eine geröstete Mandel legen. Das Backblech einfetten und mit Mehl bestäuben. Die Plätzchen 10 Min bei 180° backen.

»CUCCIDDATI«

Für den Teig

1 Kilo Mehl, 250 g Zucker, 250 g Schmalz, 1 Glas Milch, 1 Päckchen Backpulver

Für die Füllung

150 g geröstete Mandeln, 150 g Baumnüsse, 1 Kilo getrocknete Feigen, 200 g Sultaninen, 2 Nelken, 1 Prise Zimt, 1 Glas Malvasia Wein, die abgeriebene Schale einer Orange, 4 Esslöffel Honig

Das Mehl mit dem Backpulver dem Schmalz und dem Zucker vermischen und nach und nach die Milch dazugeben. Sobald der Teig weich und elastisch geworden ist, ihn für gut 2 Stunden ruhen lassen.

Die getrockneten Feigen in warmem Wasser einweichen, abtropfen lassen und mit dem Wiegemesser zerkleinern. Das Gleiche mit den Mandeln und Baumnüssen machen. Den Malvasia mit dem Honig und dem Zimt kurz aufkochen lassen und die Feigen/Nüsse/Mandelmischung dazugeben. Auch die Sultaninen und die Nelken dazugeben und 10 Min köcheln lassen. Vom Feuer nehmen, abkühlen lassen und die abgeriebene Orangenschale dazugeben. Den Teig nicht zu dünn ausrollen und

Quadrate von ca. 6 cm ausrädeln. Dann in deren Mitte etwas Füllung geben und die Teigtasche schliessen. Auf ein gefettetes Backblech legen und im vorgewärmten Ofen 30 Min bei 180° backen lassen. Nach dem Abkühlen mit Puderzucker bestreuen.

Weizen

Einmal musste sich Onkel Luigi für eine Zeitlang schonen. Gerne bot ich mich an, ihm bei der Kornernte zu helfen. Ganz pünktlich erschien ich um 6 Uhr früh, wie ausgemacht, am entsprechenden Ort. Es war nur niemand da! Ich wollte die Wartezeit nutzbringend ausfüllen und begann schon mal mit dem Ernten. Ich war ziemlich wütend über die Unpünktlichkeit der andern und nahm mir vor, ganz schnell zu arbeiten, um den anderen zu beweisen, dass ich auch allein damit fertig werden konnte. Gegen 10 Uhr kam endlich mein Onkel: »Wir warten immer noch auf dich« sagte er. »Nein, ich warte auf euch«, war meine Antwort. Mein Onkel schaute sich um und fragte dann: »Was ist denn mit dem Malz passiert, da liegt ja alles auf der Erde?« Da hatte ich wieder mal eines meiner Kunststücke fertig gebracht: ich hatte das Feld verwechselt und einen noch unreifen Malz geerntet.

MALZSUPPE

1 Liter Fleischbrühe, 250 g Malzmehl, Salz, Olivenöl, 5 kleine Tomaten, Basilikum, Minze, Parmesankäse

Das Malzmehl mit den Tomaten in die Fleischbrühe einrühren und unter ständigem Rühren kochen lassen. Nach 10 Min Kochzeit ist die Suppe fertig. Vor dem Servieren ein paar Baslikumblätter und Minze dazugeben, mit grob geriebenem Parmesankäse bestreuen.

Tintenfische

Manchmal ging ich gemeinsam mit meinen Eltern und meinem Bruder Tintenfische fischen. Unser Esel Batterflài (Butterfly) brachte meinen Bruder und mich zum Hafen hinunter, meine Eltern gingen zu Fuss. Unten angekommen liessen wir unser Holzboot mit Namen »Santa Paola« ins Wasser und los ging's in vollkommener Finsternis, denn die Tintenfische fressen nicht bei Helligkeit. Ich atmete tief und füllte meine Lungen mit dem Geruch der Gaslampe, die im Boot hing. Es war das einzige Licht weit und breit und ihr Geruch beruhigte und entspannte mich. Ich liebte dieses Licht: es war etwas, was Sicherheit ausstrahlte in einem Meer voller Gefahren. Und angesichts dieser kleinen warmen Flamme zerstreuten sich alle meine Ängste. Plötzlich tauchte aus der Tiefe des Meeres ein anderes Licht auf: es war die phosphorisierende Schattenfigur des Tintenfisches, den wir auftauchen sahen und der wie ein Pfeil aus dem Wasser schoss. Kurz darauf bekamen wir eine schöne kalte Dusche ab, der Gruss des Tintenfisches. Zu dem Zittern aus Angst gesellte sich jetzt auch noch das Zittern der Kälte wegen.

GRATINIERTE TINTENFISCHE

Für 4 Personen

1 Kilo Tintenfische, der Saft einer Zitrone, 6 Esslöffel Olivenöl, 2 Esslöffel Paniermehl, Origano, Salz, Pfeffer

Die gesäuberten, gewaschenen und trocken getupften Tintenfische in einen grossen tiefen Teller legen. Aus dem Zitronensaft, 2 Esslöffeln Olivenöl, etwas Salz und Pfeffer eine Marinade rühren und diese über die Tintenfische geben. Zudecken und 20 Min marinieren lassen, dabei die Fische ab und zu wenden. Den Backofen auf 200° heizen. Die (nicht gänzlich) abgetropften Tintenfische in eine eingefettete Form leicht überlappend hineinlegen. Das Paniermehl, den Origano und das restliche Öl darübergeben und ca. 10 Min im Ofen überbacken. Sofort servieren.

GEFÜLLTE TINTENFISCHE

Für 4 Personen
800 g Tintenfische, 150 g Inneres von altem Weissbrot, 30 g geriebener Parmesan, 4 kleine Tomaten, 30 g geriebener Pecorino (Schafkäse), Petersilie, 1 Knoblauchzehe, Salz, Pfeffer, ein Teelöffel Kapern, 1 Zwiebel, 6 Esslöffel Olivenöl

Die Tintenfischsäcke unter fliessendem Wasser säubern und abtrocknen. Das Weissbrot im Mixer zerkleinern und in eine Schüssel geben, dazu den Parmesan, die Kapern (entsalzt), die in kleine Stücke geschnittenen Tomaten, die fein geschnittene Petersilie und den zerkleinerten Knoblauch. Die Tentakeln der Tintenfische fein wiegen und auch dazugeben, ebenso Salz und Pfeffer und 2 Löffel Olivenöl und alles gut vermischen. Die Tintenfischsäcke mit der Füllung ca. ¾ füllen und mit einem Zahnstocher verschliessen. Die Zwiebel sehr fein schneiden, andünsten und die Tintenfische dazugeben, unter ständigem Wenden scharf anbraten, salzen, pfeffern und bei mittlerer Hitze noch 25 Min garen.

Kapern

Die Kapern wurden auf Filicudi immer mit besonderer Sorgfalt gepflegt. Das Haltbarmachen der Kapern ist eine der wichtigsten Tätigkeiten auf der Insel und die verschiedenen Konservierungsmethoden werden von den Vätern an die Söhne weitergegeben. Kapern zu schenken ist für die Filicudani ein Zeichen von Liebe und Gastfreundschaft, und auf diese Weise bleiben die Düfte und die Farben unserer Insel auch in der Ferne in Erinnerung. Die »cucunci« sind die echten Kapernfrüchte. Sobald sie reif sind, öffnen sie sich und die Eidechsen kommen gerne und nähren sich von dem süssen klebrigen Saft, der ihnen da so bereitwillig dargeboten wird. In dem Saft sind auch die Samen enthalten, diese bleiben am Bauch der Eidechse kleben. Wenn dann die Eidechse in ihren Unterschlupf zwischen Mauern und Gestein zurückkehrt, legt sie dort ihre Eier ab und damit auch die Samen der Kaper. So kommt es, dass die Kapernpflanze an den unglaublichsten Orten wachsen kann. – Unsere Alten benutzten die Kapernpflanze und ihre Wurzel auch für Heilzwecke.

KAPERNSALAT »CAPPARUNA«[8]

500 g Capparuna, 300 g Cherrytomaten, 1 Zwiebel, 1 Knoblauchzehe, Petersilie, Salz, eine rote Pfefferschote, 4 Esslöffel Olivenöl

Den Knoblauch in Olivenöl andünsten, die geschnittene Zwiebel und die gewürfelten Tomaten dazugeben. Bei geringer Hitze 10 Min kochen lassen. Die Kapern unter fliessendem Wasser entsalzen, ausdrücken und dazugeben. Wenig salzen, dann die klein geschnittene Pfefferschote dazugeben. Weitere 10 Min kochen. Am Schluss mit der gehackten Petersilie bestreuen. Als Vorspeise servieren.

Olivenernte

Alle, von den Kindern bis zu den Alten, die Tiere eingeschlossen, zogen los: jeder suchte sich seinen Platz, der eine auf dem Baum, der andere unter dem Baum, ein anderer suchte sich die schönsten Äste aus, wieder ein anderer begann gleich mit dem Schneiden der Bäume, und den Kindern wurde beigebracht, wie man's macht: das Oliven Ernten.

Wir Kinder halfen die erste halbe Stunde mit, dann aber organisierten wir unsere Spiele. Mein Lieblingsspiel war, zwei rechteckige Steine nebeneinander zu setzen mit einem Zwischenraum fürs Holz und darüber einen flachen Stein, der der Topf sein sollte. Ich kochte damals schon. In der Zwischenzeit hatte jemand ein Lied angestimmt und die anderen stimmten mit ein. Ein anderer erzählte Geschichten und Witze. Freude und festliche Stimmung lagen in der Luft. Die Mühe der Arbeit berührte die Herzen nicht. Irgendwann, im Laufe des Tages, wurde eine grosse Tischdecke auf der Erde ausgebreitet und darauf die wunderbarsten Köstlichkeiten verteilt. Es war so etwas wie ein geheimnisvolles Ritual. Schliesslich, um uns zu beweisen, wie schön es ist Oliven zu pflücken, brachte uns Papa zum Baden ans Meer.

MANDELPLÄTZCHEN

Für ca. 8 Personen

500 g gemahlene Mandeln, 600 g Zucker, 200 g Eiweiss (von ca. 6 Eiern), 1 Esslöffel Vanille-Essenz, ein paar Tropfen Zitronensaft, 30 g Mandeln gehobelt, Puderzucker

Den Backofen auf 190° vorheizen und das Backblech mit Backpapier auslegen. Die gemahlenen Mandeln mit dem Zucker mischen, die 6 fest geschlagenen Eiweisse, die Vanille-Essenz und den Zitronensaft dazugeben. Kleine Häufchen Teigmasse (Spritzbeutel) auf das Backblech verteilen. Mit den gehobelten Mandeln bestreuen und 30 Min backen. Abkühlen lassen und mit Puderzucker bestreut lauwarm servieren.

Linsen

Die Sechziger Jahre waren schwierige Jahre: es waren die Auswanderungsjahre, besonders nach Australien. Am Abend vor der Abreise versammelten sich alle im Hause des Auswanderers zum Linsenessen, sozusagen ein »Glückwunschessen«. Und am nächsten Morgen standen alle an der Mole und winkten mit Taschentüchern, als wäre es ein Fest. Mit dem Schiff verliess jemand die Inselgemeinschaft, der möglicherweise nie mehr zurückkommen würde und wenn doch, dann vielleicht seine Landsleute nicht mehr kennen wollte.

LINSEN MIT TOMATEN

Für 6 Personen

12 reife Tomaten, 6 Esslöffel Olivenöl, 200 g Linsen, 1 Knoblauchzehe, Salz, Pfeffer, je einen Zweig Rosmarin und Salbei

Die Linsen 6 - 12 Stunden einweichen. Danach in reichlich Wasser 40 Min kochen und erst zum Schluss salzen. Wieder abgiessen, mit 2 Esslöffeln Olivenöl in einer Pfanne heiss anbraten, zusammen mit dem fein gewiegten Knoblauch, dem Rosmarin und dem Salbei. Dann abkühlen lassen. Die Tomaten waschen, halbieren, mit einem kleinen Löffel aushöhlen, salzen und umgedreht 5 Min ruhen lassen. Mit den Linsen füllen, in eine Backform geben, das restliche Öl darübergeben und im auf 180° vorgeheizten Ofen für 30 Min garen lassen. Heiss oder auch lauwarm servieren.

Als die Mafia auf Filicudi landete

Eines Morgens im Mai 1971 sagte meine Mutter zu meinem Bruder und mir: »Sollten wir heute, wenn ihr aus der Schule kommt, nicht zuhause sein, geht zur Grossmutter Mittag essen.« Mit der eindringlichen Warnung, keinem Unbekannten das Tor zu öffnen. Die Insulaner hatten inzwischen die beiden Häfen verbarrikadiert, um die Landung der Mafiosi zu verhindern – Mafiosi, die nach Filicudi ins Exil geschickt worden waren. Mit allen Mitteln versuchte man die Landung der Schiffe zu verhindern, es gelang nicht. Da formierten sich die Insulaner zu einer »lebendigen Mauer«, um das weitere Eindringen der Mafiosi zu verhindern. Die Situation eskalierte derart, dass die Regierung Polizeieinheiten, Schiffe und gepanzerte Wagen schickte. Der Widerstand dauerte fast einen Monat und während die Verhandlungen liefen, lebten wir auf Lipari, um weiter auf die Schule gehen zu können und hofften, dass die Behörden uns möglichst bald unsere Insel ohne Mafiosi zurückgeben würden. Als wir dann endlich auf die Insel zurückkehrten, wurde ein Dankesfest zu Ehren des Hl. Stefan, dem Schutzpatron der Insel, gefeiert. Alle nahmen an der Festtafel teil, die nach der Hl. Messe auf dem Kirchplatz aufgebaut wurde. Jede Familie bereitete eine eigene Spezialität.

TINTENFISCHE MIT ZITRONE

Für 6 Personen
800 g Tintenfische, ½ Zwiebel, Saft von 2 Zitronen, ½ Glas Malvasia Wein, 1 Esslöffel Mehl, Salz und Pfeffer

Die Tintenfische säubern, waschen und trockentupfen. Die Zwiebel ganz fein schneiden und in einer grossen Pfanne in Öl andünsten. Die Tintenfische dazugeben und kurz bei mittlerer Hitze anbraten. Dann den Zitronensaft dazugeben, salzen und pfeffern und 10 Min garen lassen. Mit dem Mehl bestäuben, den Malvasia dazugeben, energisch umrühren und weitere 10 Min kochen lassen, bis die Tintenfische schön zart sind und der Bratenfond gut eingedickt ist.

Silvesterfestessen

Das Jahr 1983 ging zu Ende und unsere ganze Familie war sehr traurig, der Vater fehlte uns. Da hatte ich die Idee, etwas zu organisieren, was ihm gefallen hätte. Ihm gefielen Feste und »ein Fest musste gemacht werden«.

Aus Sizilien kamen Verwandte zu Besuch, darunter ein Bruder meiner Mutter, der immer gerne Spässe machte. Am Festabend verkleidete er sich als Priester und betrat so den Festsaal, wo schon alle Gäste auf das Essen warteten. Bei seinem Anblick erhoben sich alle und machten das Kreuzzeichen in der Meinung, der Priester wäre gekommen, um den Segen auszuteilen. Einer von den Gästen erkannte aber meinen Onkel und alle brachen in schallendes Gelächter aus. In der Zwischenzeit hatten wir in der Küche die Wagen mit dem Essen vorbereitet und sie mit Blumen und Fackeln geschmückt. Mit angezündeten Fackeln zogen die Wagen in den Festsaaal ein und verbreiteten so eine wunderbare festliche Atmosphäre. In diesem Moment merkte Mimmo, mein damaliger Verlobter, dass eine Fackel anders war als alle anderen und kaum hatten wirs uns versehen, hatte er schon die Fackel vom Wagen gerissen und warf sie in hohem Bogen in den Garten.

Der Himmel wurde taghell erleuchtet und alle Gäste klatschten begeistert Beifall. Mimmo und ich sahen uns an und sagten kein Wort, aber Mamma Lucia warf mir einen Blick zu, der alles sagte. Und wie alle guten sizilianischen Frauen bedankte sie sich bei der Heiligen Jungfrau. Tatsächlich war die Fackel nichts anderes als eine Leuchtrakete, die auf den Schiffen in Notfällen eingesetzt wurde. Es hätte ein Brand ausbrechen können, wir waren gerade nochmal davongekommen.

Trotz allem wurde das Festmahl in grossem Stil serviert, die ganz besonders liebevolle und aufmerksame Zubereitung aller Gänge liess dieses Abendessen zu einem denkwürdigen Ereignis werden. Die Gäste liessen ihre Meinungsverschiedenheiten einmal beiseite, die sie sonst unweigerlich in nicht zu vereinende Grüppchen teilten. Wir umarmten uns alle und erlebten so die Geburt des neuen Jahres.

Erläuterungen

1 Brot, das nach dem Backen getrocknet und so haltbar gemacht wird

2 Filicudischer Dialekt für Tagliatelle, selbstgemachte Eierbandnudeln

3 Jemand, der mit Medizin zu tun hat, so etwas wie ein Medizinmann

4 Immergrüner Strauch der Macchiengewächse

5 Rundes Gebäck mit Loch in der Mitte

6 Suppenklösschen

7 Zackenbarsch

8 Die Capperuna ist die Weiterentwicklung einer nicht geernteten normalen Kaper, die, wenn sie nicht gepflückt wird, sich zur Kapernblüte entwickelt. Die Capperuna muss, bevor sie geniessbar ist, acht Tage gewässert werden, wobei das Wasser täglich gewechselt wird.

cucinare

Wir kommen wieder – und schreiben ein Buch

Silvia Villars

Als wir uns im Mai 2005 mit dem Tragflügelboot immer mehr der Isola Filicudi näherten, war ich aufmerksam und neugierig zugleich. »Was wird uns erwarten? Wie werden wir das Wesen der Insel und ihrer Bewohnerinnen und Bewohner erleben?«

Die Insel berührte und begeisterte mich sofort. In den ersten zwei Tagen arbeiteten Angelika, Maria und ich intensiv an den Vorbereitungen für das Seminar. In den Pausen wanderte ich viel. Es sind immer kostbare Augenblicke für mich, neue Landschaften, Menschen, Tiere und Pflanzen mit allen Sinnen wahrnehmen zu dürfen.

So wanderte ich zum Villagio della Montagnola. Umgeben von Ginster und duftenden Kräutern führte eine aus Natursteinen geschichtete Treppe zu den Überresten der bronzezeitlichen Siedlung. Auf dem wunderschönen Plateau erblickte ich zwischen den Steinruinen zum ersten Mal die schwarze Inselnatter und spürte den äolischen Wind, der das hohe Wildgetreide und die Fenchelstauden fein tanzend bewegte. In den nächsten Tagen begegnete ich weiteren Schlangen und Eidechsen und beobachtete, wie sie geheimnisvoll wendig den Spuren der Erdkruste und den Vulkansteinen folgten. Ich spürte den vulkanischen Boden mit seiner Feuerkraft unter meinen Füssen und ahnte dessen grosse Transformationskraft.

Ich genoss den Ausblick auf die Nachbarinseln Alicudi und Salina – wie sehr mich diese Landschaft mit ihrer über 4000-jährigen mediterranen Kultur berührte, so als befände ich mich in diesem Moment in einem »zeitlosen Kontinuum«. Ich fühlte mich tief verbunden mit der Isola Filicudi und freute mich darauf, mehr über diese Insel zu erfahren. Vielleicht ist bereits hier der Same für das Buch entstanden...

Während der Seminarwoche erlebten wir als Gemeinschaft vielfältige und intensive Augenblicke: Sei es in Form von Meditation, T'ai Chi, Poesie oder beim sizilianischen Abendessen; in Gesprächen mit den Einheimischen, beim Bootsausflug und Meeresbaden oder bei den Wanderungen. Die Vitalität und Gastfreundschaft der Filicudani und die Schönheit und Naturbelassenheit der Insel inspirierten uns, Achtsamkeit, Wertschätzung und Freude für uns und die Umwelt zu entwickeln: Inseltage mit Feriensinn.

Daraus sind unsichtbare und sichtbare Aufzeichnungen entstanden. Als wir an einem der letzten Tage in unserem Meditations- und Seminarraum sassen und gerade die Poesiewerkstatt beendeten, schaute ich mir die Vorhänge und Wände an. Sie waren nicht mehr weiss, wie anfangs, sondern mit bunten »Fresken« verziert: Unsere geschriebenen und gemalten Eindrücke und Essenzen hatten wir an den Vorhängen, an den Wänden und an der Filmleinwand angebracht. In der Mitte des Raumes, um die Kerzen und die Blumenschale herum, eine Sammlung von »persönlichen Schätzen«: kleine Vulkansteine, die aussehen wie filigrane Skulpturen; eine selbstgeschnitzte Panflöte, eine Kapernblüte und vieles mehr.

Da kam mir intuitiv der Impuls: »Wir schreiben ein Buch.« Wie schön – auch alle anderen Anwesenden waren von der Idee begeistert. Ja, ich wollte tief im Herzen gemeinsam mit Gleichgesinnten ein Buch schreiben und wiederkommen. Die Text- und Bildklänge nahmen wir gemeinsam liebevoll von den Wänden und vom Boden, im Wissen und Vertrauen, dass unsere Essenzen in uns weiterwirken und wir ein Buch »erdenklingend« gestalten werden.

Ermutigt und inspiriert zu dem Buch haben uns auch Adelaide Rando und ihre Familie. Trotz hektischem Restaurant- und Pensionsbetrieb nimmt sich Adelaide, wie sie uns anvertraute, immer wieder Zeit zu meditieren. Manchmal kam sie zu unserer Morgenmeditation, so dass wir alle das Privileg hatten, die von Angelika geführte Meditation auch in italienischer Sprache – von Maria übersetzt – zu erleben.

Eines Tages zeigte uns Adelaide Rando ihr Buch, das sie selber geschrieben hat: »Vado da Lucia – Storie, sapori, immagini dell' isola di Filicudi« ihre schönen humorvollen und ernsten Geschichten und die sizilianischen Rezepte wollten wir gerne in unser Buchprojekt aufnehmen. So manifestierte sich Erdenklang, und wir beschlossen wiederzukommen. Darüber freuten sich auch Adelaide Rando und ihre Familie, als wir uns am Porto von ihnen verabschiedeten.

Wir kommen wieder – und schreiben ein Buch

Reflexionen von Claudia Sophia Huetter

Ein Buch schreiben...

Handwerk – Menschenwerk – seit Urzeiten
geritzt, geschrieben, gedruckt
um greifbare und sichtbare Spuren in die Welt zu legen.

Überlieferungen
vom Einen zum Anderen.
Geschichten erzählen – mit Lebensessenzen
die Seele und das Herz anderer berühren.

Eine Komposition
Ein gemeinsamer Klang
Im Einklang gewobenes, gewirktes Gewebe.

Ein Buch machen und Wiederkommen
Erdung und Bewegung
Hand und Fuss
Konzentration und Fliessen.

Und im Lesen erleben
wo Resonanz erklingt
wo ein feiner Klang den Raum erfüllt
wo aus dem Herzen
Wünsche wie Schmetterlinge ihre Flügel entfalten
und ins Bewusstsein steigen.

Wieder kommen...

Bogenform, Kreisbewegung
der Herzenswunsch spannt den Bogen über die Zeit
Ri-tornare
sich umdrehen und wieder zurückkehren
und gleichzeitig weitergehen.

Wieder und weiter
immer bereichert von Begegnungen und Erfahrungen.
Spuren legen und vertiefen
und die Spuren des Erlebten in sich mittragen.

Samen in der Seele, die in ihrem Rhythmus
zu kraftvoller Schönheit keimen und wachsen.

Und so lösen sich das Buch und das Wiederkommen
von der Zeit
denn – wenn diese Samen immerwährend sind
so trägt jeder und jede das Gelesene und das Erlebte
in der Welt weiter.

Impulse in die Welt tragen
Leuchtpunkte – Leuchttürme
ein Netzwerk – ein Sternenbild
könnten wir von oben das Ganze sehen.

Können wir etwas für die Insel tun?

Maria J. Gleede

Nach einer intensiven, erfüllten Seminarwoche im Mai 2005 waren wir alle von der ursprünglichen Schönheit der Insel und der Gastfreundschaft der Menschen begeistert. Plötzlich waren zwei Ideen da. Die erste: wir kommen wieder und wir schreiben ein Buch. Die zweite: was können wir für dieses kleine Paradies auf Erden tun?

Wir sind nicht die ersten, die sich diese Frage gestellt haben. Vor einigen Jahren hat eine Gruppe Deutscher, in Zusammenarbeit mit den Filicudani, alte Maultierwege wieder begehbar gemacht. Eine daraufhin entstandene Wanderkarte liegt in der Villa la Rosa auf: Camminare a Filicudi.

Wir sprechen mit Adelaide Rando, um zu erfahren, was die aktuellen Probleme auf der Insel sind und ob überhaupt der Wunsch nach »Hilfe von aussen« besteht. Unsere Gastgeberin erzählt von der miserablen Abfallentsorgung – weniger für den Haushaltabfall, da käme in regelmässigen Abständen ein extra Schiff – als für die grösseren Entsorgungen wie Altmetall, Kühlschränke, Autos und Zubehör etc. Es tue ihr in der Seele weh zu beobachten, wie an immer mehr Orten einfach etwas abgestellt und hingeschmissen wird, mitten in die Landschaft hinein. Ganz zu schweigen von den Stränden...

»Ihr könntet doch wiederkommen und die Insel aufräumen, vielleicht gemeinsam mit den Schulkindern – natürlich keine Kühlschränke – aber sonst, was haltet ihr davon?« »Das wäre wunderbar – und am Ende machen wir ein grosses Fest«, ist unsere Antwort. Adelaide strahlt und wir verabschieden uns beschwingt und leichten Herzens. Im Reisegepäck haben wir nicht nur Kapern und Malvasia, sondern auch ein »Abfallprojekt« und die Idee eines gemeinsamen Buches über »unser Filicudi«.

Wie es der Zufall – den es möglicherweise nicht gibt – so will, kennt Angelika einen Spezialisten in der Schweiz, der sich bestens mit den italienischen Abfallverhältnissen auskennt, da er eine Zeit lang in Italien gearbeitet hat und ihn die Themen Entsorgung und Recycling, besonders auf den Inseln dieser Welt, sehr beschäftigen und am Herzen liegen. Seine erste Reaktion auf das, was ich ihm erzähle, ist entmutigend: »Das ganze Abfallsystem ist in Händen der uns allen bekannten Organisation. Da wird es sehr schwierig sein, heranzukommen.« Ob es wieder ein Zufall ist, dass genau in der Zeit, in der ich diesen Text schreibe, der Abfallkrieg in Napoli wütet? Mir kommt in diesem Zusammenhang Danilo Dolci in den Sinn, der 1955 in Sizilien das »Centro Studi e Iniziative« gegründet hat, das sich für soziale Gerechtigkeit einsetzt und gewaltfreie Initiativen leitet, um auf die Armut in dieser Gegend aufmerksam zu machen.

Und tatsächlich: von den Insulanern kommt keinerlei Reaktion auf den Abfall-Fragenkatalog, den ich nach Filicudi schicke. Auch von Adelaide kommen keine guten Nachrichten: die gemeinsame Aufräumidee findet kein positives Echo. Adelaide ist enttäuscht, doch sie lässt sich nicht entmutigen: »Wir starten einfach selber eine Initiative, wir könnten zum Beispiel Bäume pflanzen...«

Für das neugeborene Erdenklang-Team stellt sich angesichts dieser »zugeschlagenen Türen« die Identitätsfrage: was wollen wir und was können wir? Da ist urplötzlich die Chance da, das zu formulieren, sozusagen aus dem Inneren hervorzubringen und öffentlich zu deklarieren, was wir als tiefes Bedürfnis schon lange in uns tragen: die Wertschätzung und Achtung der Natur, von der wir ein Teil sind, das Erspüren und Entdecken, Ehren und sich Verbinden mit den verborgenen Kräften der Erde, den »Kraftorten« – wie es Angelika nennt. Es ist im Grunde nichts anderes als die logische Konsequenz dessen, was wir in der Meditation mit uns selbst üben: Selbstliebe und Selbstachtung, das Erspüren der eigenen Willenskraft, und wie es ist, wenn sich diese Willenskraft mit der kosmischen Herzensliebe verbindet: mein Wille zur Liebe – mein LiebeWille.

Das Projekt für die Insel entpuppt sich zuallererst als ein Projekt für uns selber: zu tun was angebracht ist, die Übung, eine neue Haltung einzunehmen, diese zu verinnerlichen und zu leben; eine Haltung, die gekennzeichnet ist von innerer Wertschätzung, von der Liebe zum Leben, zur Erde, zur gesamten Schöpfung.

Und so, nach zwei Jahren des Fragens und Forschens, Telefonierens und Diskutierens, des Schweigens und still im Herzen Tragens entsteht, fast wie von selbst, mühelos und leicht, das Bild unserer Projektwoche auf Filicudi.

Jetzt möchte ich doch die Frage nach dem Zufall dem geschätzten Leser überlassen: Tatsache ist, dass im 2007, kurz bevor wir nach Filicudi reisten, die Region Sizilien 100 000 Euro für die Entsorgung von Altmetall auf einigen der äolischen Inseln zur Verfügung stellte. Mag es ein politischer Schachzug wegen der bevorstehenden Wahlen gewesen sein, mag man sich endlich dazu durchgerungen haben, die unzähligen Beschwerdebriefe und Petitionen der Bevölkerung zu »erhören«, auf alle Fälle wurde entsorgt. – Und es ist ein schönes Beispiel dafür, dass Gedanken Berge versetzen können.

»Mensch werde wesentlich,
denn wenn die Welt vergeht,
so fällt der Zufall weg,
das Wesen, das besteht.«

Angelus Silesius

Zukunft in meiner Hand

Angelika U. Reutter

Nach dieser intensiven Seminarwoche hat sich die Atmosphäre im Gruppenraum sehr verändert: Die Stille der Meditationen und die individuellen Wachstumsprozesse haben ein Energiefeld kreiert, das von gegenseitiger Achtung erfüllt ist. Den inneren Reichtum und das »ganz andere« Potenzial in jedem von uns zu entdecken und zu respektieren, schenkt eine reale Erfahrung von dem, worum wir uns vielleicht schon oft bemüht haben: Wie kommen wir vom Ich zu einem neuen Wir?

An den blauen, dicken Vorhängen, die wir zum Patio hin zugezogen haben, sind die in dieser Woche entstandenen Poesien und Geschichten mit Stecknadeln, die wir in einer alten Singer-Nähmaschine gefunden haben, befestigt. Sie ergeben ein interessantes Gemeinschaftsbild – sanft bewegt durch den Lufthauch, der durch das leicht geöffnete Fenster weht.

Bilder und Zeichnungen hängen an einer Filmleinwand, die wir zu einem Flip Chart umfunktioniert haben. Zur Kerze, dem Bergkristall, den ich aus der Schweiz mitgebracht habe und der Blumenschale, die unsere Mitte bilden, sind viele kleine Gegenstände dazugekommen – Lavasteine, Muscheln, Olivenzweige, Rosenblätter, skurrile Holzgebilde – alles Dinge, die für einige von uns eine symbolische Bedeutung besitzen.

Morgen wird Adelaide Rando ihr Buch »Vado da Lucia – Storie, sapori, immagine dell' isola di Filicudi« vorstellen. Wir freuen uns alle darauf, auch auf die sizilianischen Spezialitäten, mit denen uns Mamma Lucia verwöhnen will. Wir sitzen noch einen Moment in der Stille. Plötzlich steht Silvia vor mir. Sie spricht von der Kostbarkeit der Poesien und Geschichten, von der Vielfalt und von all dem, was jetzt gerade in der Luft liegt: »Lasst uns ein Buch daraus machen.« – In diesem Moment kann ich nicht mehr pragmatisch fragen: »Braucht die Welt dieses Buch?«, sondern ich spüre, dass die Zukunft in unseren Händen einen Namen hat: Sie heisst JETZT !

An unserem letzten Tag stellen wir unser Buchprojekt den anderen vor. Das Echo: Freude und Zustimmung. Silvia arbeitet die weiteren Pläne mit ihrem beruflichen Know-how in Blitzesschnelle aus.

Beim gemeinsamen Besprechen des Buchprojektes entstehen Ideen und der Wunsch: Wir wollen wiederkommen und konkret etwas für die Insel und ihre Menschen tun. Innere Poesie, Fantasie und Träume sind wunderschön. Doch erst, wenn wir sie in die Tat umsetzen, werden sie Wirklichkeit. Und das wollen wir mit diesem Buch versuchen.

Im Juni 2007 ist es soweit: Wir reisen wieder auf die Insel, die wir lieben gelernt haben. Diesmal ergibt es sich, dass wir die Meditationen, mit denen wir die Lebensenergien in uns ins Fliessen bringen, mit dem Kreislauf der inneren Werte (Anhang Seite 233) erweitern. Gemeinsam – Maria, Silvia, Claudia Sophia und ich – vertiefen wir die Meditationen, die aus einem tieferen Bewusstsein der Liebe und des Respektes für uns selbst und für die kraftvolle, wärmende und nährende Erde erwachsen. Im sich ausbreitenden, strahlenden Licht des Tages und im Sternenglanz der Nacht erleben wir das Spirituelle, das in uns lebt. Und diese gemeinsamen Erlebnisse sollten wohl auch die Geburtsstunde des Erdenklang-Teams sein, das sich erst viel später in Zürich beim Bearbeiten des Buches in meiner Praxis konstelliert.

Für uns alle war es eindrücklich zu spüren, wie aus Selbstliebe, Selbstachtung und der bewussten Wahl eine innere Kraft und ein Verantwortungsbewusstsein für die Menschheit als Ganzes erwachsen.

Reisetagebuch III

Sinn und Sinne...

Vom Geheimnis der Verinnerlichung der Sinne spricht Angelus Silesius: »Wer seine Sinne hat ins Innere gebracht, der hört, was man nicht red't, und siehet in der Nacht.«

Ihre Notizen

Vom Schauen, Staunen und der Fülle des Lebens erzählt Gottfried Keller, der die Welt immer wieder durch das Zimmerfenster in sich aufnahm: »Trinkt, o Augen, was die Wimper hält, von dem goldnen Überfluss der Welt.«

Ihre Notizen

Unsere Projekte

Menschen der Insel kennenlernen
Menschen, Begegnungen, Gespräche

Aufräumen für die Schönheit der Insel
PET-Flaschen an der Angel

Kraft der Orte entdecken
Im Einklang mit der Erde schwingen

Bäume pflanzen
I tre pini – Die drei Pinien

Menschen, Begegnungen, Gespräche

Maria J. Gleede, Silvia Villars, Veronika Martin Mantel

Interview mit Antonio

Montag Nachmittag, als alle »siesta« machten, ziehen wir auf der Strasse los Richtung Peccorini Mare. Uns zieht es hinunter zum Meer, und der einzige schattige Platz dort ist die Terrasse vom Ristorante La Sirena. Wir bestellen uns etwas zu trinken und so lernen wir Antonio, den Besitzer von La Sirena kennen. Antonio ist Anwalt aus Catania und lebt seit 1965 auf Filicudi, seit 1981 ist er der Inhaber von La Sirena.

»Dieses Fleckchen Erde ist für mich der aussergewöhnlichste und schönste Ort auf der Welt. Ich liebe das Leben und vor allem die Frauen und nirgendwo auf der Welt kann man die Frauen so umarmen wie hier. Aber verstehen Sie mich richtig: einfach spontan und reinen Herzens. Wenn ich eine schöne Frau sehe, muss ich sie einfach umarmen, das geht weder in Hamburg, noch Rom oder Mailand, das geht einfach nur hier.« Um die Bedeutung dieses Ortes und seines Lokales zu verdeutlichen, holt er den Guide Michelin 2007 und verschmitzt lächelnd liest er vor: »La Sirena, ein Restaurant mit Terrassenblick auf einen kleinen verträumten Hafen einer verzauberten Insel im Mittelmeer. Der Service erlaubt, dass dieser Traum Wirklichkeit wird.«

Wir fragen ihn, was ihn aktuell beschäftigt: »In der Welt sind grosse Veränderungen im Gange, das spürt man auch seit geraumer Zeit auf der Insel.« Dies erzählt er, als gerade eine Ladung Mörtel in einer rotierenden Trommel auf einem Lastwagen an der angrenzenden Baustelle angeliefert wird. Der Lärm ist so heftig, dass wir Antonios Worte kaum verstehen. »Auch hier auf Filicudi nimmt die Welt ihren Lauf. Die junge Generation verdrängt die Alten und möchte bestimmen, wo es lang geht.«

Antonio war lange Zeit gewähltes Mitglied der Bürgervertretung von Filicudi und hat sich zur letzten Wahl nicht mehr aufstellen lassen. Er bemerkt: »Die Inselgesellschaft zeigt Merkmale wie jede kleine Gemeinschaft. Man kann nicht alle Probleme mit dem Gesetzbuch lösen. Es wäre oft besser, bei Meinungsverschiedenheiten die Weisheit des Herzens sprechen zu lassen. Ich wünschte, die Menschen hier würden lernen, mehr vorausschauend zu denken und zu handeln und nicht nur von heute auf morgen.«

Sein Wunsch ist es, hier an diesem Ort noch lange zu leben. »Wissen Sie, ich bin ein tief gläubiger Katholik. Aber wenn ich sterbe, dann möchte ich dem lieben Gott sagen: Bitte lass mich hier, denn hier ist mein Paradies.« Im Winter lebt Antonio ziemlich alleine in Peccorini und geniesst die Einsamkeit. Auf die Frage, wie er mit der sommerlichen Touristenflut umgehe, sagt er: »In der Früh, wenn ich aufstehe, sage ich zu mir: Antonio, die Leute, die herkommen, die wollen Spass haben und ihr Leben geniessen, hilf ihnen dabei.« Zum Abschluss zeigt er uns seine mit viel Liebe und Geschmack eingerichteten Zimmer und die luftige, einzigartige neue Dachterrasse mit Meeresblick und verabschiedet sich von uns mit einem eleganten Handkuss.

Interview mit dem Inselarzt

Wir treffen ihn im Ambulatorio der Guardia Medica, als er sich gerade nach einer Unfallversorgung – eine Wunde, die mit 12 Stichen versorgt werden musste – die Hände wäscht. Er hat fast keine Zeit, weil sein Boot nach Messina in 10 Minuten ablegt. Jetzt, nachdem er 3 mal 24 Stunden Bereitschaftsdienst mit gravierenden Notfällen hinter sich hat, will er dringend nach Hause.

Doch nachdem er den Transport des verunglückten Filicudano organisiert hat, ergibt sich das folgende Gespräch: »Ich bin hier als Allgemeinpraktiker der Inselarzt und verantwortlich für 350 Filicudani im Winter und 2000 Personen einschliesslich der Feriengäste im Sommer. Meine Praxis ist nur mit dem Notwendigsten ausgerüstet. Die Wartezone befindet sich im Hof auf der Terrasse eines alten einstöckigen, vom Wetter gezeichneten Hauses. Ich verfüge weder über ein Röntgengerät noch über eine Laboreinrichtung und keine spezialisierten Kollegen, die mich bei Entscheidungen unterstützen können. Ich bin also völlig auf mich gestellt. Ich bin Chirurg wie eben gerade, Orthopäde oder Gynäkologe wie heute Nacht um drei Uhr, als wir eine junge Frau mit dem Helikopter ausfliegen mussten, weil die Gefahr eines Abgangs ihrer Schwangerschaft bestand.« Auf unsere Frage, ob es nicht auch schön sei, eine so breites Spektrum abzudecken, antwortet er: «Das ist eine Medizin, die näher beim Menschen ist und weniger bei der Maschine. Ich brauche sehr viel Intuition und Erfahrung, um mich an die Fälle heranzutasten. Manche Patienten sind auch misstrauisch, weil sie mehr der Gerätemedizin vertrauen.« Nach einigem Nachdenken sagt er noch zu seiner Arbeit auf der Insel: »Viele Leute beneiden mich um meinen Arbeitsplatz auf der Insel, aber es bleibt keine Zeit zur Entspannung, um die Schönheiten und die Ausstrahlung der Insel zu geniessen, weil ich immer im Einsatz bin, denn ich bin ja der einzige Arzt.« Wir verabschieden uns von ihm mit einer Einladung zu unserem Abschiedsfest.

Interview mit Giovannino Lopez

Als wir am Porto spazieren, wird unser Blick von Kapern und getrockneten Kräutern angezogen, die zum Verkauf in alten Körben lagen. So machen wir die Bekanntschaft mit Giovannino

Lopez, einem 80 jährigen Filicudano, der schon immer seine eigenen Produkte hier am Hafen verkauft hat. »Ich habe in meinem Leben schon alle Berufe ausgeübt, die hier auf der Insel möglich sind: Fischer, Bauer, Hafenarbeiter.« Er ist mit der heutigen Lebenssituation auf der Insel zufrieden: »Es gibt immer was zu tun und seit der Tourismus vor zwanzig Jahren die Insel entdeckt hat, habe ich immer regelmässige Einnahmen.«

Auf die Frage, wie sich Filicudi in den Jahren verändert hat, erzählt er uns, dass früher, als die Insel noch 3000 Einwohner hatte, die ganze Inselfläche landwirtschaftlich genutzt war. «Wir betrieben die Öl- und Getreidemühle in unserem Haus« und dabei zeigt er mit seiner Hand in den Gewölberaum, in dem noch die alte Ölmühle steht. »Seit 15 Jahren ist die Mühle stillgelegt, weil die Arbeitskräfte zu teuer geworden sind und die neuen Gesetze uns gezwungen hätten, hohe Investitionen zu machen. Heute bringen wir die Oliven zum Pressen nach Milazzo.«

Auf die Frage, ob er die alten Zeiten vermisst, meinte er: »Gut gegessen haben wir immer, aber Geld gab es keines.«

Interview mit Piero

Wir begegnen Piero auf der Terrasse inmitten seines wunderschönen Gemüsegartens. Er ist gebürtiger Römer und hat nach einer schweren Krebsoperation beschlossen, sich auf Filicudi niederzulassen. »Das war die beste Entscheidung meines Lebens. Die Ärzte haben mir nach meiner Operation noch drei Monate zum Leben gegeben und jetzt lebe ich schon acht Jahre hier, und es geht mir sehr gut. Neben meiner kleinen Schreinerei, wo ich kleine Schiffsreparaturen und Möbel mache, ist der Gemüsegarten meine grosse Leidenschaft. Im Sommer bekomme ich Besuch von meinen 3 Kindern und den Enkelkindern, darauf freue ich mich sehr.«

Hier unterbricht er seine Erzählung und serviert uns selbstgemachten Zitronenlikör und feine Biskuits von der Insel.

Wir sprechen über die heutige Situation auf der Insel: Die jüngere Generation der Filicudani leidet unter den Fehlern der Vorfahren, die für sozusagen »einen Teller Linsen« die Häuser der ausgewanderten Verwandten verkauft haben. Weil man heute durch das Baustoppgesetz keine Häuser mehr bauen darf, heisst das, dass die alte Generation noch ihre Häuser besitzt, aber die Jungen kein eigenes Haus besitzen oder bauen können. Das Land der Ausgewanderten wurde von den Zurückgebliebenen bewirtschaftet und ging dadurch mit der Zeit in deren Besitz über. Als einige Ausgewanderte zurückkamen, fanden sie ihr ursprüngliches Eigentum im Besitz von anderen, was bis heute zu Schwierigkeiten im Zusammenleben auf der Insel führt.

Angesprochen auf die wirtschaftliche Lage der Insel sagt er: »Der Grossteil der jungen Männer arbeitet als Maurer für den Umbau oder die Restauration der bestehenden Häuser. So können leider die meisten Jungen mit der Erde nicht mehr umgehen. Früher lebten alle von der Selbstversorgung. Jede Familie hatte eine Kuh zum Pflügen und für die Milch, Schafe und Ziegen für das Fleisch. Im Herbst wurden wilde Hasen mit Fallen erlegt.« Wie damals sammelt Piero auch heute in seiner Zisterne Regenwasser für seinen Garten, um die üppige Pracht zu bewässern und zu pflegen. Angesprochen, wo denn der schönste Ort auf der Insel für ihn sei, sagt er: »Der schönste Ort ist meine Terrasse.« Sein Wunsch an sein jetziges Leben ist, noch viele Briefe an Freunde und Freundinnen besonders in der Winterzeit zu schreiben und mit sich selbst und seinen Nachbarn in Frieden zu leben.

Interview mit Adelaide Rando

In früheren Zeiten trafen sich die Frauen am Brunnen in der Dorfmitte beim Wasserholen. Dort fanden die wichtigtsen Gespräche statt. Wir treffen Adelaide Rando, die zierliche, kräftige Sizilianerin im Mittelpunkt ihres heutigen Lebens: in ihrer Küche. Es ist uns eine Ehre, dass wir ihr beim Gemüse vorbereiten etwas zur Hand gehen dürfen.

Unsere Gastgeberin ist eine aussergewöhnliche Frau: Bei unserer ersten Begegenung lachte sie: »Darf ich Euch etwas anvertrauen?« – In ihrem kleinen Büro holte sie aus einer Schublade ein Tonband von Louise L. Hay über Glück, Gesundheit und Meditation. »Ich verstehe noch nicht alles«, meinte sie bescheiden. »Aber ich will das alles verstehen.«

Welchen grossen Wunsch hast du dir schon erfüllt? – »Grosse Wünsche haben sich noch nicht erfüllt. Doch ich sehe die Menschen gerne glücklich und freue mich, wenn ich bei einem guten Gericht ein Lächeln auf den Gesichtern meiner Gäste sehe.«

Welche Wünsche hast du für dich persönlich? – »Ein eigenes Haus auf Filicudi zu besitzen, und ich möchte Filicudi immer in Blüte sehen und nicht immer Plastikflaschen aufsammeln müssen, wenn ich über die Insel gehe.«

Was ist für dich das grösste Problem auf der Insel? – »Die jungen Inselbewohner sollten zusammenhalten und gemeinsam etwas für die Insel erschaffen und sich die Insel nicht von den Grossunternehmern wegnehmen lassen.«

Wie soll das geschehen? – »Früher haben sich unsere Urgrosseltern jeden Sonntag nach der Kirche zusammengesetzt, um die aktuellen Probleme zu diskutieren und Lösungen zu finden und dann entsprechend zu handeln. Die jungen Menschen müssten zusammen reden und den wirklichen Wunsch haben, die aktuellen Probleme der Insel zu lösen. Es gibt für die junge Generation genug Arbeit auf der Insel, aber niemand möchte mehr in der Landwirtschaft arbeiten, da der Verdienst gering ist.«

Du lebst das Sommerhalbjahr in Filicudi und das Winterhalbjahr bei Como, wie ist das für dich? – »In Como ersticke ich im Smog. Ich passe mich den Menschen und meiner Umgebung an und bin achtsam. Hier in Filicudi werde ich für meine Arbeit und meine Begabung als Köchin anerkannt, in Como werde ich für mein sonniges Gemüt geschätzt.«

Wie ist diese Situation für deinen Mann Mimmo? – »O dio! Er unterrichtet in Como an der Oberstufe und wenn er auf Filicudi ist, arbeitet er mit. Er ist sehr weise, ist ein beliebter Lehrer und hat eine wunderbare Intuition für die Menschen. Wenn es jemandem nicht gut geht, findet er die richtigen Worte, und dem Betroffenen geht es wieder gut.«

Bei deiner Mamma Lucia und deinem Vater war es Liebe auf den ersten Blick, wie war es bei dir? – »Ich habe einfach Spass gehabt und eigentlich nicht vorgehabt zu heiraten. Ich wollte reisen und dachte, die Ehe sei für mich zu einengend. Mimmo kommt aus Taormina und kam eines Tages mit seinem Schwager, der bei der Guarda Medica arbeitete, bei uns in der Villa La Rosa einen Kaffee trinken. Wir wurden Freunde, haben ein Jahr lang telefoniert, Briefe geschrieben und gemeinsam etwas unternommen. Nach einem Jahr waren wir mehr als Freunde!«

Wo ist für dich der schönste Ort? – »Es ist die Insel, sie ist in meinem Blut, hier bin ich zuhause. Ich bin jemand, der sich überall wohlfühlen kann und finde auch woanders Wege, mich zuhause zu fühlen, aber hier bin ich geboren.«

Gibt es für dich auf der Insel einen besonderen Ort? – »Aha – diese Frage habe ich mir noch nie gestellt.«

Wie ist es für dich, dass deine fünfzehnjährige Tochter in Como lebt und zur Schule geht? – »Es ist für mich nicht einfach darüber zu reden. Ich höre heute noch ihre Rufe: Mama verlasse mich nicht! Als sie klein war und wir uns am Flughafen verabschiedeten.«

Hast du ein Lieblingsgericht? – »Nein.« Wie entstehen deine Inspirationen zu deinen Gerichten? – »Sie werden aus dem Moment, den Produkten und dem Gast geboren. Ich lasse mich von der Persönlichkeit der Gäste und den jeweils frischen Produkten inspirieren.«

Wie erlebst du die verschiedenen Nationalitäten der Gäste? – »Ich habe letzte Weihnachten einen Monat lang in einem Fünfsternhotel in Patagonien gekocht. Es war wunderbar, wie die Gesichter der Gäste gestrahlt haben. Wenn mein Herz nicht auf Filicudi wäre, wäre ich dort geblieben.«

Wie kamst du auf Patagonien? – »Il grande dio mi ha portato là. (Der grosse Gott hat mich dorthin gebracht). Meine nächste Reise möchte ich nach Afrika machen. Mit einem Camper, meinen Kochgeräten und Esswaren möchte ich auf der Reise dort anhalten, wo der Hunger am grössten ist und für die armen Kinder kochen. Es ist mein grösster Wunsch, das strahlend grosse Lachen dieser Kinder zu sehen. Und alles ist offen, bis dahin kann sich noch vieles ereignen. Dies ist mein grösster Traum, wenn ich daran denke, wird mein Herz ganz warm und strahlt. Und vielleicht werde ich es einfach machen und niemandem vorher etwas sagen und erst darüber reden, wenn ich zurückkomme«, sagt Adelaide und vermischt dabei die kleinen süssen Tomaten und den Basilikum – beides aus dem eigenen Garten – mit dem Bulgur, »und vielleicht werde ich über meine grosse Reise dann ein Buch schreiben...«

Persönliche Essenzen der Projektgruppe
»Menschen der Insel kennenlernen«

»Schönes, bewusstes und freies Miteinander. Konnte mich gut fühlen als Bestandteil der Gruppe, als Perle in einer Perlenkette. Die Gemeinschaft und das gemeinsame Tun sind eine tiefe, grosse Bereicherung und fordern mich in meiner inneren Aufmerksamkeit. Resonanzerfahrung. Mein Vertrauen in mein Empfinden, in meine Intuition ist gewachsen.«

Maria J. Gleede

»Jeder Tag war wie ein Kunstwerk, nicht im vorherein definiert, sondern erwachsen aus der Fülle der Räume in Präsenz, Humor, Mut und innerer und äusserer Achtsamkeit. Liebevolle Akzeptanz seiner selbst, der anderen Menschen und der Natur; das Eigene achten, das Andere respektieren, Vielfalt in der Schönheit. Ein Meer voll blühender Herzensenergie, liebevolles Erinnern an die Gemeinschaft; Lichtpunkte wie organische Leuchttürme, die mich begleiten. Dankbarkeit und Freude für das, was sich offenbaren wird.«

Silvia Villars

»Die Gruppe hat sich tief in meiner Wahrnehmung verändert und mir Facetten meines Seins geschenkt – energiegebend und -empfangend.«

Veronika Martin Mantel

PET-Flaschen an der Angel

Barbara Hausherr, Meret Schweizer, Veronica Tebben

Erster Projekttag, 11. Juni 2007

Frohgemut machen wir uns mit schwarzen Abfallsäcken auf den Weg, um den Abfall, der uns auf dem Weg bis zum Strand begegnet, aufzusammeln.

Meret steigt als erste die Steilwand hinunter und zieht unter dem Kakteengerippe eine weggeworfene PET-Flasche hervor. Barbara ist entsetzt und schlägt innerlich die Hände über dem Kopf zusammen: »Das ist gefährlich!« ruft sie Meret zu, insgeheim voller Bewunderung im Wissen »das würde ich jetzt nicht fertig bringen«. Meret spaziert mit dem Sack auf der Schulter den Weg voran, so, als sei es ein Vergnügen den Abfall aufzusammeln. Auf jeden Fall wirkt jede Bewegung von ihr wie ein improvisierter Tanz.

Ein Bettrost am Wegrand ist Veronicas Aufgabe: Über dem Kopf schleppt sie diesen bis zur Strasse. Auf dem Weg zur Strasse entdeckt Meret ein Blech im Gebüsch. Als sie es aufheben möchte, sieht sie, dass mitten drin eine blühende Ruccolapflanze sich einen Weg durch das Blech gebahnt hat. Wie schön! Veronica macht ein Foto von dieser vortrefflichen Integration: Abfall und Natur.

Meret und Veronica halten plötzlich inne. In der Stille spüren sie die dort anwesenden Wesenheiten und belassen den Ort so wie er sich jetzt zeigt. Ein paar Schritte weiter: ein grosser Lastwagenreifen, zwischen den Agaven und Lavasteinen eingeklemmt. Meret müht sich sehr mit dem Unding mitten in der Natur ab, bis ihr Veronica zu Hilfe kommt. Barbara beobachtet das ganze immer noch mit Zurückhaltung und zugleich Bewunderung.

Jetzt packt es Barbara: Bei der nächsten Abfall-Ansammlung ergreift sie die Initiative, sie wird von einer Folie angezogen, an der sie unerschrocken zieht und zieht und zieht, bis endlich das Ende der Folie erscheint; Veronica muss sich »ob dieser Ekligkeit« umdrehen und wegschauen. Auf der Strasse kommt eine Vespa angerattert und der einheimische Fahrer fragt uns freundlich, ob er uns helfen könne. Kurzentschlossen nimmt er den doch schon schweren, halbvollen Abfallsack bis zur Sammelstelle mit und stopft ihn sorgfältig in den vorgesehenen Container. Wir werden auf ein handgeschriebenes Plakat aufmerksam, das an einem Stück Holz befestigt ist. Ein italienischer Tourist, der vor einiger Zeit in der Villa la Rosa zu Gast war, hat es mit grossen, roten Lettern von Hand geschrieben: Er fordert mit dem Plakat auf, sich doch der Schönheit der Natur zu erinnern und »mitzuhelfen Mutter Erde zu schützen und zu erhalten«. Und er selber hat begonnen, den Badestrand aufzuräumen und initiiert, dass man bei seinem Plakat die vollen Plastiksäcke hinstellen darf. Sie werden dann von der »ratternden Vespa« und ihrem freundlichen Chauffeur, dem wir begegnet sind, wegtransportiert und entsorgt. Darüber freuen wir uns sehr, denn bevor wir uns selber auf den Weg machten, unser Projekt durchzuführen, stellten wir uns die Frage: »Wie gestalten wir diese Aktion, ohne dass sich die Inselbewohner und Inselbewohnerinnen verletzt und gekränkt fühlen?« Im Meer waschen wir unsere »schwarzen Hände« und geniessen am Strand unseren ersten Projekttag. Meret entdeckt eine Meduse und einen T'ai Chi vollführenden Seestern, den Veronica sogleich begeistert fotografiert.

Die Essenz des ersten Tages

Wir haben die Fülle der Natur als Geschenk an uns erlebt und dabei die unterschiedlichen Energiefelder wahrgenommen: Abfall ist nicht gleich Abfall. Zum Beispiel haben wir gespürt, wie die Naturwesen den Abfall integrieren und transformieren oder wie »ekelhaft« Abfall sein kann. Und dass jeder von uns individuell auf diese Energien reagiert. Schön war die Begegnung mit dem

Inselbewohner und der Vespa. Die Initiative eines italienischen Touristen geht weiter vor Ort... Und wer weiss, vielleicht war er auch in der Villa la Rosa zu Gast, wie die deutsche Gruppe vor uns, die die Wanderwege begehbar machte – und er hat auch das Bedürfnis gespürt, die Schönheit der Insel zu bewahren. Und er hat gehandelt...

Zweiter Projekttag, 12. Juni 2007

Heute ziehen wir zu viert los, Ursula hat sich zu uns gesellt. Wir haben uns den Weg zum Hafen vorgenommen. Auf der Terrasse des Restaurants der Villa la Rosa verweilen wir, wenden uns nach innen, um uns so auf unseren zweiten Projekttag vorzubereiten.

Wenn man den steinernen Stufenweg zum Porto runtergeht erhält man nur flüchtig einen Einblick von dem am Wegrand und im Gebüsch liegenden Abfall. Wir entdecken einiges an Abfall und sammeln zwei randvolle grosse schwarze Abfallsäcke und einen vollen kleinen Abfallsack, bis wir am Porto ankommen. Auf dem Weg hinunter zum Hafen kommen wir an einer Stelle vorbei, wo sehr viel Abfall aufgetürmt war. Es ist uns sofort klar, hier können wir nicht alles, was herumliegt, wegräumen.

Später in der Villa la Rosa angekommen, um unsere Essenz aufzuschreiben, spüren wir nochmals in das Energiefeld an diesem Ort und fragen uns. »Was braucht dieser Platz?« Wir spüren alle: es braucht die wandelnde Kraft der Erde. Wir sehen diesen Ort vor unserem inneren Auge und sehen dann auch die Pflanzen und Blumen, die dort blühen und wachsen werden.

Dritter Projekttag, 14. Juni 2007

Nach kurzer Innenschau haben wir uns heute für einen Weg Richtung Pecorini entschieden, einen Weg, den wir »geraden Fusses«, also ohne viel Klettern und Steigen, begehen können.

Auf der Strasse entschliessen wir uns, doch den kleinen Weg durch die Siedlung zu nehmen. Anfangs sind wir sehr abfallfündig und haben den schwarzen Sack schon zu dreiviertel voll, bis wir bei dem Haus der Carabinieri ankommen: Zeit, um auf der naheliegenden Ziegenweide eine erste Pause zu machen.

Unsere Blicke schweifen über die vor uns liegende Landschaft: überall in den Gebüschen viel Abfall – der runde, verbeulte Behälter, der sicher ehemals irgendeiner Maschine als Tank gedient haben mag, ist für uns ein Symbol für die schlimm gebeutelte Erde. Wir machen einige Fotos und ziehen langsam die Treppe erklimmend in Richtung Valdichiesa weiter: eine kleine Pause im Schatten, auf dem Marktplatz kaufen wir zur Stärkung etwas Obst und auf dem Weg Richtung Carabinieri, wo sich eine Sammelstelle für Abfall befindet, laden wir die gefüllten, schweren Säcke ab. Auf dem Weg entlang der Strasse befinden sich erstaunlich viele Abfallbehälter!

Nach getaner Arbeit wollen wir den Rest des Weges nur noch gemütlich zurück zu Villa la Rosa schlendern und geniessen. Doch – kaum gedacht – lockt uns ein kleiner Steinweg, der an schönen Gärten und Häusern entlang führt – ein herrlicher Ausblick aufs Meer – und wir entdecken in der Steinmauer eine sehr grosse Autobatterie, die wir gemeinsam auch mit grosser Anstrengung kaum vom Fleck bewegen können. Kurz entschlossen wuchten wir sie mitten auf den Weg und belassen sie da – in der Hoffnung, dass ein starker Mann vorbeikommt und sie zur circa 20 Meter entfernten Sammelstelle mitnimmt.

Unser Weg endet im wilden Dickicht. Meret meint zwischendurch: wir können ja umkehren, wenn es gar nicht mehr weitergeht. Also gut: so bahnen wir uns den Weg durchs Dickicht mit dem halbvollen Abfallsack und landen erleichtert, gespickt mit Stacheln an den unmöglichsten Stellen am Körper, auf dem Weg nahe der Villa la Rosa. Froh, dass wir wohlbehalten das kleine Abenteuer überstanden haben, freuen wir uns auf die Dusche.

Persönliche Essenzen der Projektgruppe
»Aufräumen für die Schönheit der Insel«

»Die tiefe Menschenliebe und die Kraft der Vulkanerde sind die tragenden Qualitäten dieser Woche für mich. Ich spüre die Achtung vor der Tiefe der Prozesse, das starke Gehalten- und Getragensein. Ich darf individuell sein und gehöre dazu.«

Barbara Hausherr

»Ich fand die Verbindung von Bewusstseinsarbeit und praktischem Tun sehr schön. Und schön auch, dass wir hier mitten im Herzen vom Alltag von Filicudi sind. Uralte Zellerinnerungen dürfen sich lösen. Mein Bewusstsein der Lichtpunkte in den Blutzellen, und das Empfinden eine Lichtliebeskugel zu sein vertiefen sich.«

Meret Schweizer

»Ich bin gehalten und getragen als Individuum und spüre die Freiheit im Raum des Seins. Vertrauen, dass es ist, wie es ist. Geborgensein im Gesamten, grenzenlos. In der Sichtweise, dem Fliessen von Geben und Nehmen, hat sich für mich eine neue Dimension eröffnet.«

Veronica Tebben

Im Einklang mit der Erde schwingen

Beatrice Wäger Hayoz, Claudia Sophia Huetter,
Joachim Mantel, Maria Hug, Ursula Grischott

Erster Projektag, Montag 11. Juni 2007
Auf dem Weg zum Villagio Preistorico am Capo Graziano

Beschwerlicher, steiniger Weg, heisse Sonne
Schritt um Schritt – Stein um Stein – liebevoll angelegter Pfad
Es eröffnet sich ein Plateau
Unvermittelt frischer Wind
Geschenk der Steinkreise

Wie ist da gelebt worden? – Was waren das für Räume?

Wir erspüren die Energie der einzelnen Räume und empfinden ein umarmendes, weiches Gefühl.

Beim Pendeln vertrauen wir auf die eigene Kraft und nehmen ausgeprägte unterschiedlich angenehme und unangenehme Energien wahr.

Wir erleben, wie wir das Energiefeld in der Gruppe halten können, auch wenn fremde Menschen dazukommen.

Wir bilden gemeinsam einen Energiekreis, verbinden uns mit dem Kosmos und dem Kraftfeld der Erde, und wir verspüren in uns den Wunsch, zur Heilung der Erde beizutragen. Wir schwingen im Einklang mit der Erde.

Zweiter Projekttag, Dienstag 12. Juni 2007
Zucco Grande

Leichten Fusses auf vertrauten Wegen lassen wir uns von den wunderschönen, leicht einprägsamen Wegsymbolen führen. Unvermittelt taucht der verwaiste Weiler auf. Wie vor zwei Jahren stehen die Ruinen noch dort. Und doch – es ist wieder Leben da: Wir sehen die Signora (Mamma), die Kapern pflückt, die italienische Fahne weht an einer hohen Stange und das rote T-Shirt trocknet an der Wäscheleine. Ein Hund begrüsst uns, und unvermittelt steht eine junge, schöne Frau vor uns und spricht uns in Englisch an. Ihre Einladung nehmen wir freudig an. Joachim hofft auf ein Glas Wein, es gibt frisch gepresstes Zitronenwasser. Sie erzählt uns, dass zwischen dem 1. und 2. Weltkrieg eine grosse Auswanderungswelle nach Australien stattfand. Deshalb ist hier der ehemalige Weiler so verlassen. Jetzt lebt hier der circa 40-jährige Giovanni mit seiner Mutter, sie sind aus Stromboli eingewandert. Die junge Frau hat eine Ruine günstig erwerben können. Nun restauriert sie mit Giovanni und zwei polnischen Arbeitern ihr zukünftiges Heim. Es gibt keine Wasserquelle, deshalb sammeln sie Regenwasser in der Zisterne, das zum Trinken dann abgekocht wird.

Energien, die wir an diesem Tag erleben:

1. Auf dem Hinweg
»Rispetta l'ambiente« (Respektiere die Umwelt) und »Non abbandonare i rifiuti« (Keinen Abfall liegen lassen) – zwei Aussagen – zwei unterschiedliche Energien.

2. Der Weg
Den Hinweg empfanden wir energetisch sehr stark. Wahrnehmen vom Bewusstseinskreis Meer-und-Himmel.

Dritter Projekttag, 14. Juni 2007
Kraftort und Weg nach Peccorini

Im gemeinsamen Gespräch und unter Berücksichtigung der vergangenen Tage wird uns bewusst, dass es einen Austausch zwischen der Kraft der Erde und unserer eigenen inneren Kraft gibt. Durch Sensibilisierung unseres Bewusstseins und tieferem Erkennen unserer inneren Kräfte sind wir der Energie der Erde näher gekommen. Daraus ist eine tiefe Dankbarkeit zur Erde, wie auch zur eigenen Seele erwachsen.

Das Erspüren der Kraft der Erde wird an einem Kraftort, in der Nähe der Villa la Rosa, individuell durch Pendeln und durch die eigene Sensibilität erfahren. Dort wählt jeder zu einer Meditation von Claudia Sophia seinen stimmigen Platz.

Unsere Essenz der Meditation:

»Das Eingebettetsein in Luft, Erde und Wasser gibt mir ein Gefühl der Geborgenheit und Kraft.« Beatrice

»Ich bin tief in der Erde und in meinem Leben angekommen, meine Seele kann so sicher und frei leben und atmen.« Claudia Sophia

»Die Erlebnisse aus der heutigen Morgenmeditation wurden positiv bestätigt und haben erleichternd nachgeklungen.« Joachim

»Tief verbunden mit der Erde, dem Himmel und dem Meer, spüre ich grosse Dankbarkeit.« Maria

»Grosse Dankbarkeit für die transformierende Feuerkraft der Erde.« Ursula

Wegsuchend wandern wir anschliessend in Richtung Pecorini. Unvermittelt stehen wir vor dem kleinen Paradies von Piero. Liebevoll angepflanzte Fülle. Üppige Vielfalt an Farben, Formen und Arten. Eine starke Präsenz ist spürbar. Die individuellen Empfindungen eines Kraftortes erlebt zu haben wurde durch das Pendel bestätigt. An diesem Ort ist der Energieaustausch zwischen Mensch – Erde – Pflanzen sicht- und spürbar. Wir sind beglückt!

Persönliche Essenzen der Projektgruppe »Kraft der Orte entdecken«

»Ankommen – Ich darf mich von innen her, von meinen weiten Räumen her öffnen. Öffnung – die Gruppe hat es mir ermöglicht, dass ich mich zeigen und neu und tiefer erfahren durfte. Liebe und Vertrauen – behutsam mir und meinen inneren Räumen näher kommen.«

Beatrice Wäger Hayoz

»Raum und Zeit in einer tiefen Liebesqualität, die Räume eröffnet und heilt, indem sie liebevoll hält und frei ist. – Das Erleben, wie das Mediterrane und sein Sprachklang für meine Seele »a casa« ist. – Meine Wurzeln tief in die Erde wachsen lassen. Meine Schwingung und mein mit dem Ganzen schwingen tief und stark in meiner Wirbelsäule und in meinem Körper erleben und spüren.«

Claudia Sophia Huetter

»Ich bin tief dankbar für die entgegengebrachte Liebe und Offenheit in der Gruppe. Ich spüre Achtung und Dankbarkeit dafür, dass die Insel und die Menschen noch nicht total verletzt werden konnten von unserer Zivilisation.«

Joachim Mantel

»Die Vielfalt erkennen und zulassen. Die Schönheit in der Vielfalt entdecken – im Menschen sowie auf der Insel Filicudi. Der Klang der Vielfalt verbindet sich mit den Seelen der Menschen, mit der Seele der Erde und mit meiner Seele. Viel-Klang. Durch Viel-Klang entstehen Freiheit, Friede, Raum, Liebesklang. Ein frischer Wind fliesst durch meine Zellen. Es ist alles da.«

Maria Hug

»Innerer Frieden – das goldene Licht fliesst in mich hinein und um mich herum. Ich darf Wandlungsprozesse erkennen und neue Lebensformen willkommen heissen. Ich darf alte, für mich nicht mehr stimmige Systeme gehenlassen, loslassen. Ich darf wirklich der Feuerkraft der Transformation vertrauen.«

Ursula Grischott

I tre pini – Die drei Pinien

Maria J. Gleede

Bäume pflanzen ist ein untrügliches Hoffnungszeichen. Ein symbolischer Akt, der über alle Sprachgrenzen hinweg von uns Menschen gleichermassen empfunden und verstanden wird.

E i n Grund dafür mag möglicherweise die uns allen bekannte Wechselbeziehung sein, die zwischen Mensch und Baum lebt: der Austausch von O2 und CO2 – eine stille Symbiose, die uns oft erst bewusst wird, wenn sie nicht mehr gut funktioniert oder sogar bedroht ist, ich denke an die Lebensumstände in den grossen Städten, an die Abholzung der Wälder im Amazonasgebiet. Von daher gesehen wäre ich auch einverstanden gewesen, einen ganzen Pinienwald zu pflanzen, doch angesichts unseres doch recht intensiven »Ferienprogramms« war der Vorschlag von Adelaide realistischer: »Tre pini marittimi – va bene?« Ausgerechnet an dem Morgen, als ich mit Adelaide über die Pflanzaktion spreche, ist »Markt« an der Strassenkreuzung von Villa la Rosa – ein paar fahrende Händler haben ihre Waren ausgebreitet, darunter auch ein Baumzüchter. »Als hätten wir ihn gerufen«, meint Angelika, und ich ziehe los, um die Pinien zu kaufen. »Mi dispiace, Signora, pini marittimi habe ich nicht dabei. Ma non si preoccupi, ich schicke die Pinien in den nächsten drei Tagen mit dem Schiff!« »Ob ich mich darauf verlassen könne,« frage ich, es sei sehr wichtig, dass wir die Bäume pünktlich bekommen. »Non si preoccupi, Signora«, – machen Sie sich keine Sorgen – »hier ist meine Telefonnummer, Sie können mich jederzeit anrufen.« Wir vereinbaren die Zahlungsart und verabschieden uns mit Händedruck. Mehr als eine Woche Zeit, das sollte klappen. Auch wenn bei mir ein rotes Lämpchen bei »non si preoccupi«

aufleuchtet, denn die 17 Jahre, die ich nun in Italien lebe, haben mich gelehrt, auf Hab-acht-Stellung zu gehen, wenn mir jemand mit diesem Satz eine Zusage macht. »Hier ist es bestimmt anders,« versuche ich mich zu beruhigen.

Die Tage vergehen, an- und ausgefüllt mit unserem Inselprojekt, und wir warten mit grosser Vorfreude auf unsere Pinien. Nur – sie kommen nicht. Nicht nach drei Tagen, vier, fünf – ich rufe an. »Si, certo, Signora, domani...« Wieder keine Bäume am Hafen – ich rufe erneut an, spreche mit der Ehefrau, sie kann mir nichts versprechen und ihr Mann ist nicht da. Das »non si preoccupi, Signora« klingt mir in den Ohren, und ich fange an, »preoccupata« zu sein, denn unser letzter Seminartag, an dem wir als festlichen Abschluss die Bäume pflanzen wollen, rückt unweigerlich näher. Ich will dem Sorgengefühl keinen Platz geben, ich atme tief in den Bauch und weiter bis tief in die Inselerde hinein und beschliesse, darauf zu vertrauen, dass die Bäume zum rechten Zeitpunkt ankommen werden. Und dann, auf einmal, verstehe ich: es handelt sich nicht um Unzuverlässigkeit des Signor Baumzüchters, sondern um die Tatsache, dass ich eine Fremde bin und man mit Fremden keine Geschäfte macht. Auch das weiss ich aus persönlicher Erfahrung, und ich muss sagen, dass mir diese Haltung in gewisser Weise sympathisch ist, spricht doch daraus eine andere Priorität als die des puren Geldverdienens. Aber jetzt, jetzt kann nur noch Adelaide helfen. Ich halte ihr mein Cellulare hin: »Ciao Antonio, Adelaide son', allora?« (die Sizilianer sprechen dieses ‚allora 'so aus, als hätte es fünf ‚l'). Er verspricht die Pinien für Freitag früh! Am Samstag ist Abreisetag.

Tatsächlich kommen die Pinien am Freitag– zwar nicht in der Früh, sondern am Nachmittag, und als sie dann endlich und schliesslich in der Villa la Rosa eintreffen, können wir alle nur noch applaudieren. Es hat geklappt – è andato bene.

Und strahlend bringt uns Stefano Rando eine kleine Pinie – ein Geschenk seiner Familie an seine Insel und an uns. Nun sind es vier Pinien, die wir gemeinsam mit Stefano und zwei Filicudani am Rand der Asphaltstrasse einpflanzen.

camminare

STROMBOLI
Ginostra
Stromboli
924
P. Lena
ISOLE EOLIE O LIPARI
(Messina)
BASILUZZO
PANAREA
S. Pietro
Lisca Bianca
FILICUDI
773
Pecorini
C. Graziano
SALINA
Malfa
S. Maria Salina
Rinella
675
ALICUDI
P. Castagna
Acquacalda
LIPARI
Canneto
Lipari
Porto Levante
VULCANO
P. Bandiera
C. di Milazzo
Golfo di Patti
Milazzo
Barcellona
Pozzo di Gotto
Gioiosa Marea
C. Calavà
Capo d'Orlando
Brolo
TYNDARIS
Castroreale Terme

Rom
Sardinien
Tyrrhenisches Meer
Mittelmeer
Sizilien
Adriatisches Meer

ROMA (ROM)
Napoli (Neapel)
Bari
Taranto (Tarent)
Palermo
Messina
Reggio di Calabria
Catania
MAR IONIO
N

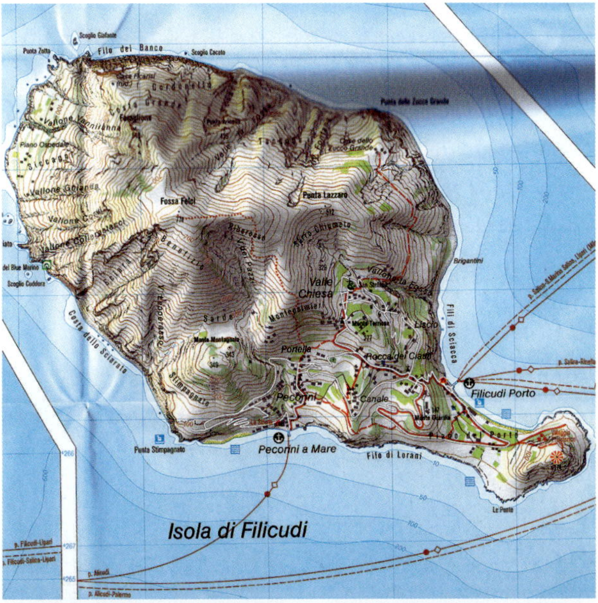
Isola di Filicudi
Filicudi Porto
Pecorini a Mare
Pecorini
Fossa Felci
Punta Lazzaro
Valle Chiesa
Canale
Filo del Banco
Filo di Lorani
Punta Stimpagnato
Brigantini

»Die Seele soll in der Welt sein,
aber die Welt nicht in der Seele.«

Buddha

Im Einklang mit den heilenden Kräften der Erde

Meret Schweizer

Ich sitze auf einem der grossen, sonnenwarmen rosa Steine. Rosa ist er durch die weisse Flechte geworden, die ihn beinah ganz überdeckt und seine rostrote Farbe dämpft. Er ist so sanft, weich und rund geworden durch Regen und Wind. Jedes Mal wenn ich komme, freut er sich, begrüsst mich schon von Weitem. Er liegt im Kreise mehrerer grosser, ebenfalls weicher, sanfter Steine. Mein Blick wandert zum Meer. Vor mir kann ich am Horizont Sizilien erahnen, links von mir sehe ich den Hügel von Filicudi mit der prähistorischen Siedlung und dahinter ragt Salina aus dem Wasser, rechts von mir Alicudi.

So viel Meer, und so ein weiter Himmel, so viel Horizont, wo sich Himmel und Wasser berühren. Die Erde wird als runde Kugel sichtbar, eingehüllt in ihre atmosphärischen Energiekörper.

Die Steine hinter mir, die zur Mauer aufgeschichtet worden sind, sind sehr rauh. Wind und Regen haben sie noch nicht sanft geschliffen. Den Tag zuvor, als ich in ihrem Schatten Flöte spielte, sah ich, dass ich umgeben war von vielen leeren Insektenlarven, die an den dürren Gräsern hingen. Bestimmt werden diese Tiere ziemlich gross. Ihre transparente Hülle verlassen sie durch den Herzpunkt im Rücken, um davonzufliegen.

Ein besonderer Platz, wo sich viele Insekten ungestört verwandeln können. Auch die Kaninchen scheinen sich hier wohl zu fühlen, immer wieder hoppelt eines vorbei, selbst meine fremden Flötenklänge erschrecken sie nicht.

Wolken sind aufgezogen, ein feiner Regen färbt die rosa Steine rostrot. Es beginnt nach nassen Sträuchern und Gräsern zu duften. Ich bleibe noch einen Moment sitzen, schaue aufs Meer, wo die Schwesterinseln nurmehr durch einen hellgrauen Schleier zu sehen sind, höre dem Prasseln des Regens zu, der immer stärker wird. Wind frischt spürbar auf, kaum zu glauben, dass Juni ist. Ich bin froh um meine Regenjacke und den warmen Pullover darunter. Ja, sie sind durcheinander gekommen die Jahreszeiten, auch hier auf Filicudi, geht es mir durch den Kopf.

Jetzt wo ich es schreibe, kommt mir ein Traum in den Sinn, den ich einige Wochen nach meiner Rückkehr von Filicudi hatte. Ich begegnete der Erde. Sie sang mir ein Lied und umhüllte mich mit sanfter, weicher Energie. Der Traum handelte davon, dass die Erde am sich Wandeln sei. Wir Menschen würden das nicht verstehen und meinten, sie sei krank und schwach geworden. Doch das stimme nicht. Sie sei voller Herzensenergie und Kraft, es sei ihr Wille, sich zu transformieren und in Bewegung zu sein. Ich solle nicht auf das achtgeben, was sich wandelt, sondern auf die Herzensenergie, die alles durchdringt und hält.

Mir ist kalt geworden. Ich nehme Abschied von meinem Stein und mache mich auf den Weg zur Villa la Rosa. Meine Füsse freuen sich, die Steine auf dem alten Maultierpfad speichern die Wärme noch immer, erwärmen selbst die kleinen Pfützen, die sich auf ihnen gebildet haben. Bald einmal mündet mein schmaler Weg in die Strasse, die vom Porto hochkommt. Ich folge ihren Kurven, atme den würzigen Duft von wildem Fenchel und regennasser Erde ein und staune, in wie vielen Farben die Gesteinsschichten am Strassenrand leuchten. Von dunklem Grau, über Violett, zu verschiedenen Rottönen gehen sie in Ocker über und dazwischen schauen die Feigenkakteen hervor und scheinen sich ungetrübt zu unterhalten, auch bei Regenwetter.

Und ich staune auch über die Erde dieser Insel, die so viel Wärme gespeichert hat, die ich über die nackten Füsse so gut aufnehmen kann, dass mir trotz strömendem kaltem Regen warm wird beim Gehen.

Rosen, Lavasteine und das Flüstern der Elfen

Angelika U. Reutter

Wie viele Inseln gibt es auf der Welt? Wissenschaftlich gesehen ist der Begriff Insel unklar, denn: wo beginnt eine Insel, wo hört sie auf? Es wäre denkbar, unsere Erde als eine Insel in unserem Sonnensystem zu verstehen – eine grossartige, traumhafte Insel, auf der es Luft, Wasser, Feuer, Erde und Mineralien gibt, sodass Pflanzen, Tiere und Menschen atmen und aufs Schönste gedeihen können. Vielleicht gibt es auch ca. sieben Milliarden Seeleninseln auf der Welt, so viele, wie es Menschen gibt? Denn der innerste Ort in uns – das »stille Kämmerlein«, wie es schon in der Präambel der Evangelien heisst – ist wie eine heilige, heilende Insel in uns, auf der wir uns jederzeit niederlassen können: Sich dem Herzen zuwenden, verweilen, nachsinnen, sich selber wertschätzen, das eigene Lebensbuch in die Hand nehmen, die neu gewonnenen Erkenntnisse hinzufügen und darüber staunen, wie sich zauberhafte und ernste Geheimnisse in der Seele offenbaren. Und wie oft kann ein Mensch dem anderen »eine kleine innere Insel« im Alltag sein, eine Oase der Ruhe, vom Festland der Hektik unerreichbar, das Nichtgesagte mitfühlend und ohne Worte Vertrauen schenkend.

Reisen wir um die Welt und in der Welt, so nehmen wir unsere Seele mit. Ich erinnere mich daran, wie ich zum erstenmal in Colombo landete. Dieser Flughafen unterscheidet sich durch nichts, das mir vordergründig aufgefallen wäre, von einem anderen in der Welt. Doch der Weg über die Landebahn bis zur Passkontrolle war für mich einzigartig. Meine Seele jubelte: ich atmete eine Empfindung ein, die ich bis anhin nur in meinen Meditationen kennengelernt hatte und dabei zur Überzeugung gekommen war, dass dieses

Gefühl der Ruhe, Tiefe und Weite nirgendwo auf und in der Welt zu finden sei. Und hier kam es mir substanziell entgegen, es lag in der Luft, durchdrang meine Haut und umhüllte mich wie ein Mantel, der mir von unsichtbarer Hand weich und liebevoll über die Schultern gelegt wurde: Ich fühlte mich willkommen. Denn innert Sekunden fiel eine grosse Angst von mir ab; eine Angst, die sich in meine Zellerinnerungen eingebrannt hatte – ich bin im Krieg, während eines Bombenangriffes auf Bremen in einem Bunker geboren. Eine Angst, die ich zwar als Geburtstrauma erkannt hatte und dennoch bis zu diesem Zeitpunkt nicht abzuschütteln vermochte. Blitzartig und staunend spürte ich die »Gnade des Augenblickes, der ewig ist« und dass zwischen Erkennen und Fühlen Welten liegen. Es wird für mich deutlich, dass erst durch mein tief empfundenes Gefühl Wandlung in mir geschehen konnte und ich von meinem Trauma befreit wurde. Dieses Erlebnis hat mich tief geprägt und mir das Vertrauen in die wandelnde und heilende Kraft der Orte gegeben.

Wie die Kraft eines Ortes die Menschen prägt, die dort leben, erfahre ich auch im Gespräch mit Anna. Sie trägt das Wissen ihrer Ahnen, die seit Generationen auf der Insel verwurzelt sind, weiter. Und sie ist eine weise Frau. Sie putzt mein Zimmer und zieht die Betten frisch an. Von ihr wird erzählt, dass sie die stürmischen Winde, die Filicudi gelegentlich heimsuchen, besänftigen kann, und dass sie eine Heilerin sei. Sie stellt ihren Patienten eine Wasserschale auf den Kopf und lässt langsam einige Tropfen eines kostbaren Öles hineintropfen. In dem entstehenden Bild erkennt sie die Krankheit. Mit ihren Ritualen, die sie mir nicht anvertrauen will, können die Menschen, die sich darauf einlassen, geheilt werden.

Meine Erwartung, von Anna mehr über ihre Arbeit, ihre Weisheit und Intuition zu erfahren, wird nicht erfüllt. »Bist du katholisch?«, fragt sie mich mit forschendem Blick. »Nein,« gebe ich ihr zur Antwort. »Dann kann ich Dir nicht mehr sagen.«

Zuerst fühle ich mich abgewiesen, dann taucht ein anderes Gefühl auf: tiefer Respekt. Auf meine Bitte, ihren Mann, den

Fischer zu fragen, ob wir nachts mit ihm aufs Meer fahren dürfen, um die Delfine zu beobachten, schaut mich Anna mit ihren grossen, blauen Augen unter den tiefschwarzen Augenbrauen seelenruhig an: »Wieso fragst Du mich? Frag ihn doch selbst!« Sie dreht sich um, nimmt den Besen und wischt vor meinen Füssen den Staub zur Seite. Ich spüre Annas klare Konsequenz, ihr tiefes Verbundensein mit sich selbst und den Geheimnissen »ihrer Insel«. Und die unverbrüchliche Kraft in ihren Glauben, einen Glauben, den sie unter allen Umständen behütet.

Sich mit der Kraft eines Ortes bewusst und mit wachen Sinnen zu verbinden, ist etwas sehr Schönes; in der wilden und üppigen Natur der Vulkaninsel Filicudi wird es zu etwas Besonderem: Die geistige Dimension, die hinter den Wolkenbildern leuchtet und durch die Atmosphäre klingt, erfüllt Körper, Seele und Geist unmittelbar. Das wohltuende Empfinden ist individuell, und auch der Weg, wie wir den Zugang zum inneren, geistigen Erleben finden. Real, konkret und sehr lebendig wird das Seelenerleben, wenn wir unsere Gefühle nicht nur denken, sondern unser Herz mitsprechen lassen. Wir fühlen uns voller Lebensenergie und stellen schlicht und einfach fest: »Das hat mir unendlich gut getan.«

Wir sind beschwingt und spüren in der ursprünglichen Natur die unsichtbaren Wesen – auch wenn wir sie mit blossem Auge nicht sehen. Eine Schwingung bringt uns in Einklang mit uns selbst. Und diese geht von den Ätherkräften aus, jenen weisen Elementarwesen – den Undinen, den Sylphen, den zarten Elfen oder den lustigen Gnomen – die in den Volksmärchen aller Länder und Nationen beschrieben werden. Sie gestalten die Lebensräume der Natur mit grösster Hingabe, und wir sind mit ihnen in Resonanz, wenn wir uns über die farbenprächtigen Blumen freuen, einen Farn dafür bewundern, wie er an sich selbst hochklettert oder einen Baum umarmen und die Lebenskräfte spüren, die seinen Stamm durchfliessen.

Zauberhafte Wesen lassen die Rose erblühen, umgeben jede Pflanze, richten sie auf und beseelen die Kapernpflanzen –

ein besonderes Gut auf Filicudi – deren Blüten und Früchte sich zugleich wie »heimlich abgesprochen« dem Sonnenlicht entgegenstrecken. So flüstert uns Schiller zu: »Suchst Du das Höchste, das Grösste? Die Pflanze kann es dich lehren. Was sie willenlos ist, sei du es wollend – das ist's.« Und mit Goethe darf uns bewusst werden: »Wär' nicht das Auge sonnenhaft, die Sonne könnt es nie erblicken.« »(…) Das Auge ist ein Geschöpf des Lichtes.«

»Wir selbst erschaffen unsere Umwelt durch unsere Liebe. Und wir zerstören sie durch unsere Missachtung.« Diese eindringlichen Worte von Hugo Kükelhaus, Philosoph, Neurologe, Schreiner, Architekt und Geisteswissenschafter, haben mich seit längerer Zeit wachgerüttelt. Die Natur und unser Umfeld brauchen unsere Resonanz, unsere bewusste Zuwendung und unsere Achtsamkeit, sonst verkümmern sie wie Kinder, die nie in Liebe gehalten worden sind.

Auf Filicudi wird mir die Verantwortung und die Wirkung, die wir als einzelne Menschen haben, noch deutlicher und hautnah bewusst. Im Garten der Villa La Rosa, direkt vor unseren Appartements, blühen die Rosen und umranken die Lavasteine; die schwarze Schlange schläft in der Sonne, die Mamakatze und ihre Kleinen verstecken sich geräuschvoll im Laub, die Geckos spielen, die Grillen zirpen rhythmisch mit ihrem Dirigenten, dem Wind. Die Kakteen plaudern mit den Bougainvilleas und die abgestorbenen Agaven legen sich schützend über ihre Nachkommen, die ihren glänzenden Stachel bereits durch die verdorrten dunkelroten Blüten hindurch gedrückt haben. Wie zutreffend die Aussage von H. Kükelhaus: »Die Natur ist ein fortwährendes Werden und Vergehen. Plastik hingegen vergammelt.«

Ich schaukle in der Hängematte, schaue blinzelnd dem Naturschauspiel zu, lausche den atmosphärischen Klängen und versuche, den kleinsten Mücken der Welt zu erklären, dass ihre winzigen Stacheln mein Gesicht bitte verschonen mögen. Für den Moment scheinen sie auf mich zu hören, jedoch in den Nächten, in denen ich noch kein Moskitonetz habe, besuchen sie mich in Heerscharen.

Die Moral von der Geschichte? Zu meinem Erstaunen stört mich mein rotes, geschwollenes Gesicht keineswegs. Und ich lerne, dank Maria, den grossgewachsenen, schlanken Medico, der zwei Häuser weiter praktiziert, persönlich kennen: »Ja, ja die kleinen Mücken, bissig, aber völlig ungefährlich.« Sein freundliches Lächeln tröstet mich. Und als er erzählt, dass er uns beim Meditieren beobachtet hätte, dass er schon in Indien gewesen sei und seit Jahren meditiere, habe ich die Mückenplage vollends vergessen. Das enge Kabäuschen, das mit einer Art Tresen, einem Stuhl und einem Arzneischrank, vollgestopft mit Medikamenten, als Arztpraxis dient, wird richtig gemütlich. Sogar die Praxisassistentin, die dem Dottore freiwillig hilft und sonst in einem kleinen Laden am Hafen schöne Tücher, Schmuck und Souvenirs verkauft, lacht mit uns und meint: »Es wäre schön, mit euch zu meditieren.«

Im Wartezimmer unter freiem Himmel begegnen Maria und ich beim Verlassen der Praxis einigen gestikulierenden Menschen, die eng zusammengedrängt auf einer Steinbank sitzen. Erschöpft lehnt ein alter Mann an der Mauer. Sie gibt ihm Halt. Er weint bitterlich, seine Frau sei ganz plötzlich gestorben. Die leicht gekrümmte Hand einer Frau, der man ansieht, dass sie viel und hart gearbeitet hat, streicht dem Trauernden sanft über den Rücken. Die Wartenden drängen alle zum Medico, der nur heute für sie da sein kann, da er auch die anderen Inseln betreut.

Wenn Lucia, die Nonna Rando, Rosen schneidet, um die Schönsten und Farbenprächtigsten ihrem verstorbenen Mann auf das Grab zu legen und die grossen, roten Blüten, die atemberaubend duften, der Maria, die auf dem Steinaltar am Wegesrand steht, zu bringen, dann spricht sie dazu leise Worte. Der Gemüsegarten von Adelaide Rando ist ein grossartiges Stelldichein von Salatköpfen mit dicken, festgeformten Herzen. Ein Eldorado für Tomaten, Artischocken, Bohnen, wilden Fenchel und herrlich duftende Kräuter. Die Akkuratesse der angelegten Beete und die dunkle bearbeitete Erde strahlen Ordnung und Liebe aus – ein pulsierendes Energiefeld, vom Flüstern der Elfen erfüllt.

Einige hundert Meter von unserem Standort entfernt entdecke ich eine grosse Terrasse mit eleganten Blumentöpfen. Die Luft scheint stillzustehen, als hätten sich die Elementarwesen verflüchtigt und die Quelle lebendigen Lebens mit sich fortgenommen, vielleicht dorthin, wo sie ihre feinen Schwingungen entfalten können und sie die richtige Antwort auf ihr Dasein bekommen. Denn wie es so schön bei den Predigern heisst: »Die richtige Antwort ist wie ein Kuss auf die Lippen.«

An einem Morgen, wie auch an anderen Tagen, klettern wir einen Saumpfad nach oben und finden eine struppige Wiese – von skurril geformten Lavasteinen – die den Blick auf das grosse, blaue Meer freigibt. Jeder sucht sich seinen eigenen Platz, dieser ist jedesmal erstaunlich individuell und scheint wie »massgeschneidert«: Die Grosszügigkeit der Natur, auch auf dem kleinsten, ausgewählten Platz, entspricht der Vielfalt und dem Reichtum des einzelnen Menschen, als hätten sich Mensch und das Fleckchen Erde »gesucht und gefunden«. Wir meditieren an diesem Ort, jeder für sich und gemeinsam. Im Einklang mit der Erde lauschen wir dem inneren Klang: Wir wenden uns tief nach innen, verbinden uns mit dem Herzen der Erde und ihren Kräften; wir lassen unsere Wertschätzung und Dankbarkeit für die Schönheit und die Fülle an diesem Ort in die Erde fliessen. Wir nehmen die Erde als wesenhaften, lebendigen Organismus wahr, und ihr Puls verbindet sich mit unserem Herzrhythmus. Wir ehren und achten die Erde, den Himmel und die uns umgebende Natur mit allen unseren Sinnen; wir spüren die Luft, den sanften Wind, die Sonnenwärme auf der Haut und die Klänge in der Natur – auch den laut rufenden Maulesel... Wir lassen uns Zeit, im Einklang mit uns selbst und der Natur zu »sein«.

Haben Sie Lust, in einer Herzübung die Kraft eines Ortes zu spüren und im Einklang mit der Erde zu schwingen?

Wenn Sie stehen oder sitzen, dann spüren Sie gut Ihre Füsse und die Verbindung zur Erde. Lassen Sie sich Zeit, die Atmosphäre des Ortes aufzunehmen. Schliessen Sie die Augen. Atmen sie ruhig aus, nehmen Sie einen Moment der Stille wahr und lassen Sie das Einatmen geschehen. Erlauben Sie sich, diesen Atemkreislauf zu spüren. Wenden Sie sich Ihrem Herzen zu. Spüren Sie Ihre Herzgegend und erlauben Sie sich, in Ihrem Herzen zu verweilen, zu ruhen.

Nehmen Sie mit Ihren Sinnen Ihre Umwelt wahr: Lauschen Sie den Geräuschen in der Natur. Nehmen Sie den Duft wahr. Schmecken Sie, schauen Sie mit Ihrem inneren Auge und spüren Sie auf Ihrer Haut die Luft, die Wärme, die Kühle, den Wind. Nehmen Sie mit all Ihren Sinnen diesen Moment in sich auf. Dann erlauben Sie, dass sich Ihre Nerven und Sinne nach innen wenden und sich mit Ihrem Herzen rückverbinden. Sie müssen nichts tun. Es geschieht von selbst. Werden Sie sich bewusst, wenn das für Sie stimmt: »Ich bin in Liebe gehalten«. Spüren Sie die Lebensenergie, die Sie durchfliesst.

Dann fragen Sie Ihr Herz, ob es sich mit dem Herzen der Erde verbinden möchte. Wenn ja, erlauben Sie es. Spüren Sie die Verbindung zur Erde und wie Sie im Einklang schwingen mit der Kraft des Ortes. Nehmen Sie wahr, was Ihnen die Erde gibt und was Sie der Erde geben möchten. Vertrauen Sie Ihrem inneren Gefühl.

Wenn Sie möchten, streichen Sie mit kreisenden Handbewegungen, so, als würden Sie eine Lemniskate, eine liegende Acht zeichnen, über die Erde. Spüren Sie, wie es sich für Sie anfühlt. Verneigen sie sich vor sich selbst und der Erde. Danken Sie der Erde. Verweilen Sie einen Moment, spüren Sie Ihr inneres Aus- und Aufgerichtetsein in Ihrer Wirbelsäule und werden Sie sich innerlich bewusst: »Ich bin die Verbindung von Himmel und Erde – Erde und Himmel in mir«.

Atmen Sie nochmals tief ein und aus und spüren Sie ihre Füsse.

Reisetagebuch IV

Träume verwirklichen...

Antoine de Saint Exupéry sagt: »Wenn du ein Schiff bauen willst, dann trommle nicht die Männer zusammen, um Holz zu beschaffen, Werkzeuge vorzubereiten, Aufgaben zu vergeben und die Arbeit einzuteilen, sondern lehre sie die Sehnsucht nach dem weiten, endlosen Meer.«

Ihre Notizen

Martin Buber sagt im Buch »Der Weg des Menschen nach der chassidischen Lehre«: »Pflegen wir heiligen Umgang mit der uns anvertrauten kleinen Welt, helfen wir in dem Bezirk der Schöpfung, mit dem wir leben, der heiligen Seelensubstanz, zur Vollendung zu gelangen.«

Und ein chinesisches Sprichwort spricht vom Wandel: »Wenn der Wind des Wandels weht, bauen die einen Mauern und die anderen Windmühlen…«

Ihre Notizen

Zeit und Lust auf ein Märchen?

Autor unbekannt

Vor langer Zeit gab es eine Insel, auf der alle Gefühle und Konstanten der Menschen lebten: Die gute Laune, die Traurigkeit, das Wissen... und so wie alle Gefühle, auch die Liebe. Eines Tages wurde den Gefühlen mitgeteilt, dass die Insel sinken würde. Also bereiteten alle ihre Schiffe vor und verliessen die Insel. Nur die Liebe wollte bis zum letzten Augenblick warten. Bevor die Insel sank, bat die Liebe um Hilfe.

Der Reichtum fuhr auf einem luxuriösen Schiff an der Liebe vorbei. Sie fragte: »Reichtum, kannst du mich nicht mitnehmen?« – »Nein, ich kann nicht. Auf meinem Schiff habe ich viel Gold und Silber. Da ist kein Platz für Dich.«

Also fragte die Liebe den Stolz, der auf einem wunderbaren Schiff vorbeikam. »Stolz, ich bitte dich, kannst du mich mitnehmen?« – »Liebe, ich kann dich nicht mitnehmen«, antwortete der Stolz: »Hier ist alles perfekt. Du könntest mein Schiff beschädigen.« Auch die gute Laune ging an der Liebe vorbei, aber sie war so zufrieden, dass sie nicht hörte, dass die Liebe sie rief. Plötzlich sagte eine Stimme: »Komm Liebe, ich nehme dich mit.«

Es war ein Alter, der sprach. Die Liebe war so dankbar und glücklich, dass sie ganz vergass, den Alten nach seinem Namen zu fragen. Als sie an Land kamen ging der Alte fort. Die Liebe bemerkte, dass sie ihm viel schuldete und fragte das Wissen: »Wissen, kannst du mir sagen, wer mir geholfen hat?« – »Es war die Zeit«, antwortete das Wissen. »Die Zeit?« fragte die Liebe. »Warum hat die Zeit mir geholfen?« Und das Wissen antwortete: »Weil nur die Zeit versteht, wie wichtig die Liebe im Leben ist.«

Erdenklang

Reisen Sie mit Herz? Haben Sie Orte der Kraft auf Ihren Reisen entdeckt?

Dann schreiben Sie uns: Ihre Ideen, Impulse und Ihre erlebten Geschichten interessieren uns.

Die schönsten Geschichten erscheinen regelmässig unter www.angelikareutter.ch in unserer »Novità«, damit Sorgfalt und Achtsamkeit, Interesse und Offenheit für andere Kulturen und Religionen gerade auf Reisen immer mehr ins Bewusstsein der Menschen geraten. Dass Sinnferien gleichgesetzt werden mit Feriensinn für jeden Einzelnen und damit auch für die Welt.

Informationen und Buchbestellungen gerne bei

Edition Erdenklang
Postfach 187
CH-8706 Feldmeilen
erdenklang@bluewin.ch

Anhang

Die inneren Werte von Erdenklang

Autorinnen und Autoren

Fotografinnen und Fotografen

Literaturangaben

Die Inneren Werte von Erdenklang

Mit dem Herzen hinschauen und erkennen,
statt die Augen vor den Tatsachen verschliessen.

Aus Interesse, Offenheit und Respekt
gegenüber anderen Kulturen und Religionen
erwachsen Selbstermächtigung und innerer Friede.

Die Kraft der Orte entdecken
und diese im Einklang mit der Erde ehren und achten.

Alles ist beseelt: Die Intelligenz der Seele
drückt sich durch das Engagement des Einzelnen aus.

Für die eigenen Ideale einstehen und die Ideale
und den freien Willen der anderen respektieren.

Jede kleine oder grosse Herzenstat wirkt weiter –
oft auch unsichtbar.

Ein Weltenbewusstsein entwickeln.

Bewusst wählen
und entsprechend den eigenen, inneren Werten handeln.

Autorinnen und Autoren

Marianne Boesch, Walter Boesch, Lilly Friedrich, Andreas Furter, Anna Milena Gleede, Maria J. Gleede, Ursula Grischott, Barbara Hausherr, Claudia Sophia Huetter, Maria Hug, Nicolette Huhn, Joachim Mantel, Jakob Marti, Veronika Martin Mantel, Adelaide Rando, Angelika U. Reutter, Andres Romann, Meret Schweizer, Veronica Tebben, Silvia Villars, Beatrice Wäger Hayoz, Madeleine Zadori

Fotografinnen und Fotografen

Marianne Bannwart, Claudia Sophia Huetter, Joachim Mantel, Veronica Tebben, Silvia Villars

Literaturangaben

Abdruck des Gedichtes »Ithaka« mit freundlicher Genehmigung von Ammann Verlag & Co., Zürich

Alfred und Verena Bollinger
Stromboli Vulkan Insel, Symbol AS Verlag 1998

Eva Gründel, Heinz Tomek
Liparische Inseln, DuMont Reiseverlag 2003

Homer
Odyssee, Verlag Philipp Reclam jun. Stuttgart 2004

Roland Zoss
Die Insel hinterm Mond, Licorne Verlag 2002

FRAUEN MIT IDEALEN

Angelika U. Reutter | Anne Rüffer

Zehn Leben für den Frieden

Bis 1997 haben nur zehn Frauen den renommierten Friedensnobelpreis erhalten. Sie alle verbinden in ihrem exemplarischen Einsatz für die Sache des Friedens individuellen Mut mit politischer Tatkraft und beachtlicher Weltwirkung. Humanistische Ideale und realistisches Handeln - Das Buch zeigt in anschaulichen Porträts, wie und unter welchen Bedingungen diese Frauen ihre Leistung vollbracht haben.

2001, 330 Seiten | Hardcover
CHF 10.00 | EURO 6.50
ISBN 978-3-907625-02-6
Erhältlich unter www.ruefferundrub.ch.

AUFBRUCH AUS DEM EIS

Angelika U. Reutter

Vertrauen, Mut und Zuversicht gewinnen. Geschichte einer Therapie.

Dieses Buch ist nicht nur die Geschichte eines Mannes, der zurückfindet zu Selbstbewusstsein und neuer Lebensfreude. Sein Wachstumsprozess gibt jedem Leser viele Anregungen, das eigene Leben zu reflektieren und selbst wieder Vertrauen, Mut und Zuversicht zu finden.

2007, 144 Seiten | Hardcover
CHF 27.30 | EURO 14.95
ISBN 978-3-466307-48-7
Erhältlich in jeder guten Buchhandlung.
Ihre Leserstimme ist herzlich willkommen:
www.koesel.de

Reisen & Ferien ag traveltrend Muristrasse 89 3006 Bern 031 350 15 15 www.agtraveltrend.ch

Der Inhalt

Danke

Von Herzen danken wir allen, die sich auf die Inseltage eingelassen haben und ihren Beitrag für dieses Buch gegeben haben. Dank an alle Autorinnen und Autoren und ganz besonders an Adelaide Rando – die Seele der Villa la Rosa – und an ihre liebenswürdige Familie, die uns mit Anmut bezaubert hat. Adelaide Rando hat uns Inhalte aus ihrem Buch »Vado da Lucia« zur Verfügung gestellt, die von Maria J. Gleede mit viel Einfühlungsvermögen übersetzt wurden. Ganz besonders danken wir den Menschen auf der Insel Filicudi, denen wir begegnet sind und die uns mit ihrer Authentizität und Offenheit berührt haben.